AF298566

COURS COMPLET

D'HARMONIE

PRÉSENTÉ SOUS UNE FORME NOUVELLE

ET CONTENANT

QUELQUES NOTIONS D'INSTRUMENTATION LYRIQUE ET MILITAIRE

PAR

J. HUGOUNENC

PROFESSEUR D'HARMONIE AU CONSERVATOIRE DE TOULOUSE

DEUXIÈME VOLUME

RÉALISATION DES LEÇONS CONTENUES DANS LE PREMIER VOLUME

PARIS

ENOCH FRÈRES ET COSTALLAT, ÉDITEURS DE MUSIQUE

27, BOULEVARD DES ITALIENS, 27

—

1887

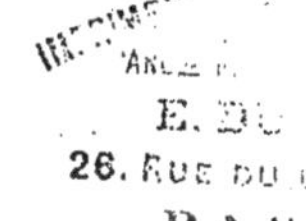

COURS COMPLET

D'HARMONIE

PRÉSENTÉ SOUS UNE FORME NOUVELLE

ET CONTENANT

QUELQUES NOTIONS D'INSTRUMENTATION LYRIQUE ET MILITAIRE

PAR

J. HUGOUNENC

PROFESSEUR D'HARMONIE AU CONSERVATOIRE DE TOULOUSE

DEUXIÈME VOLUME

RÉALISATION DES LEÇONS CONTENUES DANS LE PREMIER VOLUME

PARIS

ENOCH FRÈRES ET COSTALLAT, ÉDITEURS DE MUSIQUE

27, BOULEVARD DES ITALIENS, 27

—

1887

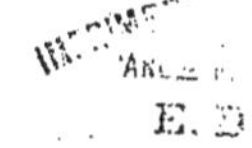

ACCORDS DE TROIS SONS

Sans redoublement de notes et à l'état direct.

N.º 5.
BASSE DONNÉE
N.º 6.
BASSE DONNÉE
N.º 7.
BASSE DONNÉE
N.º 8.
BASSE DONNÉE

REDOUBLEMENT DE NOTES. — NOTES COMMUNES.

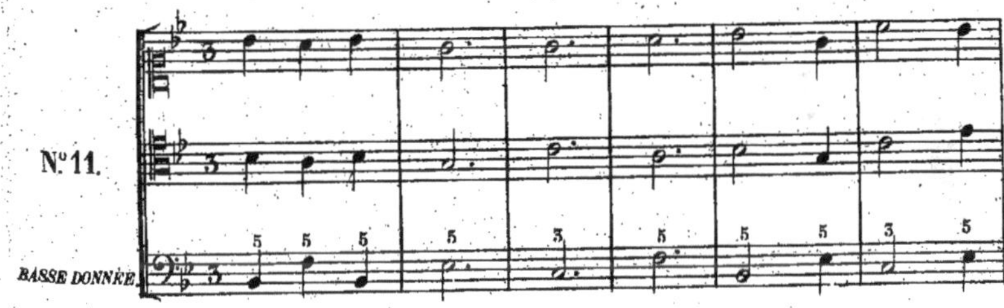

4

Nº 12.

BASSE DONNÉE

Nº 13.

BASSE DONNÉE

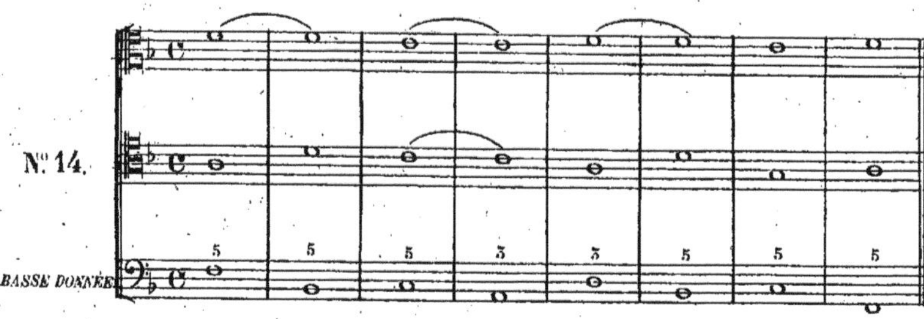

Nº 14.

BASSE DONNÉE

Nº 15.

BASSE DONNÉE

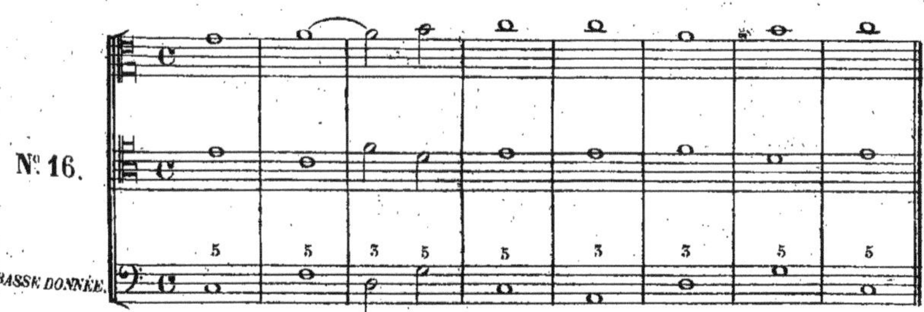

Nº 16.
BASSE DONNÉE.
5 5 3 5 5 3 3 5 5

Nº 17.
BASSE DONNÉE.
3 3 3 # 3 5 3 3 # 3 3 5 # 3

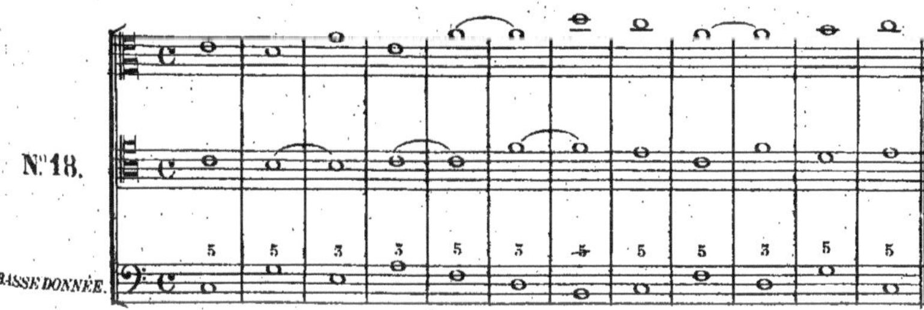

Nº 18.
BASSE DONNÉE.
5 5 3 3 5 3 5 5 5 3 5 5

Nº 19.
BASSE DONNÉE.
5 5 5 3 5 5 5 5 3 5 3

CHANT DONNÉ

Accords de trois sons à l'état direct. Un accord différent sur chaque note.

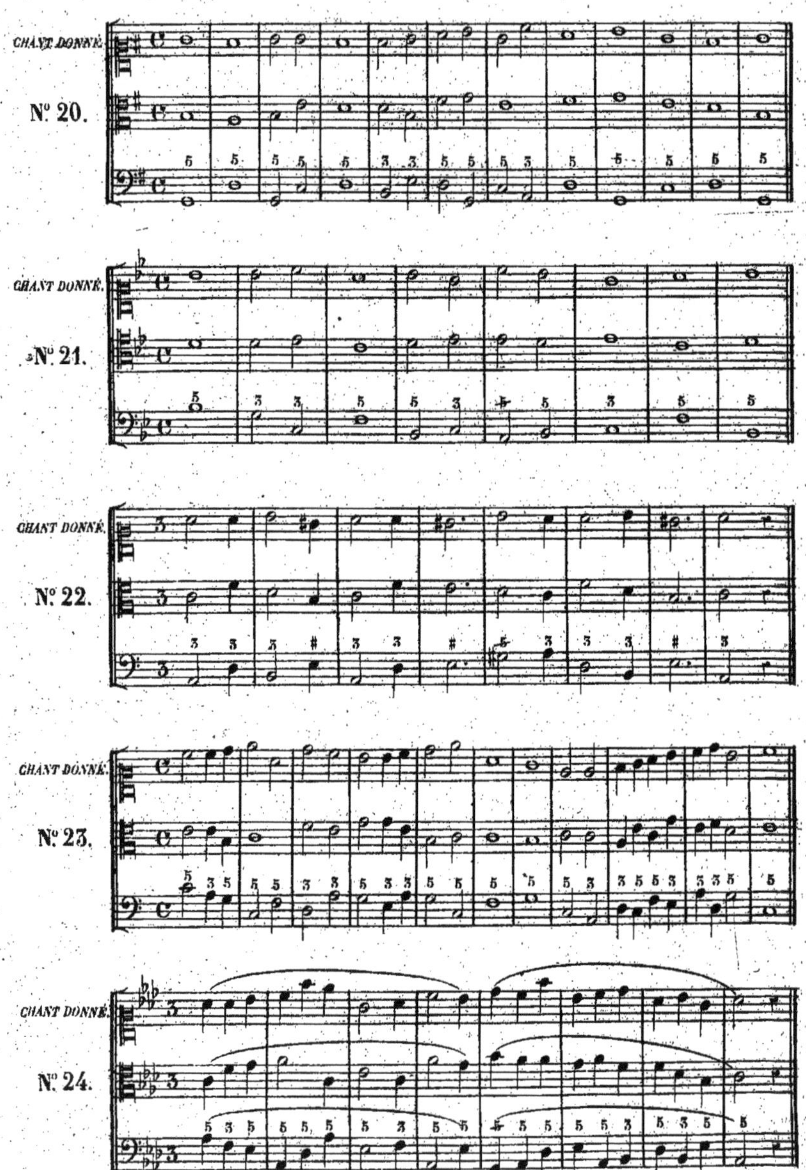

CHANT DONNÉ.
N.º 25.
CHANT DONNÉ.
N.º 26.
CHANT DONNÉ.
N.º 27.
Gamme majeure harmonisée.
CHANT DONNÉ.
N.º 28.
Gamme mineure ascendante harmonisée.

N.º 29.
BASSE DONNÉE.
CHANT DONNÉ.
N.º 30.
N.º 31.
BASSE DONNÉE.
CHANT DONNÉ.
N.º 32.

N.º 33.
BASSE DONNÉE.

CHANT DONNÉ.
N.º 33.bis

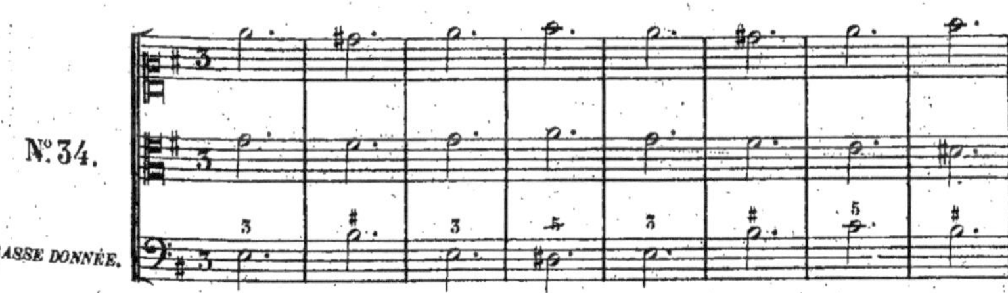
N.º 34.
BASSE DONNÉE.

ACCORD DE SIXTE.

N.º 37.
BASSE DONNÉE.
N.º 38.
BASSE DONNÉE.
N.º 39.
BASSE DONNÉE.
N. 40.
BASSE DONNÉE.

12
N.º 41.
BASSE DONNÉE.
N.º 42.
BASSE DONNÉE.
N.º 43.
BASSE DONNÉE.
N.º 44.
BASSE DONNÉE.

CHANTS À RÉALISER
AVEC DES ACCORDS DE TROIS SONS À L'ÉTAT DIRECT.

ACCORD DE QUARTE ET SIXTE.

N.º 52.
BASSE DONNÉE.
N.º 53.
BASSE DONNÉE.

N.º 54.
BASSE DONNÉE.
N.º 55.
BASSE DONNÉE.
N.º 56.
BASSE DONNÉE.

CHANTS À RÉALISER

Accords de trois sons à l'état direct.

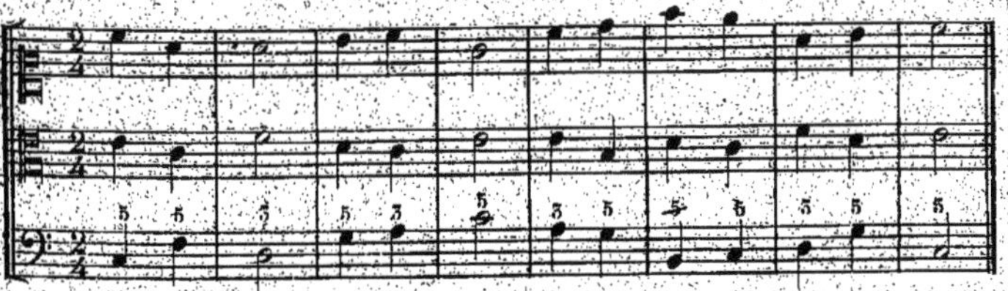

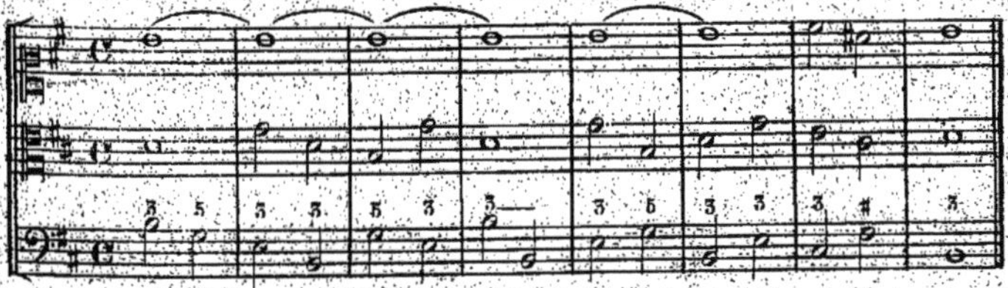

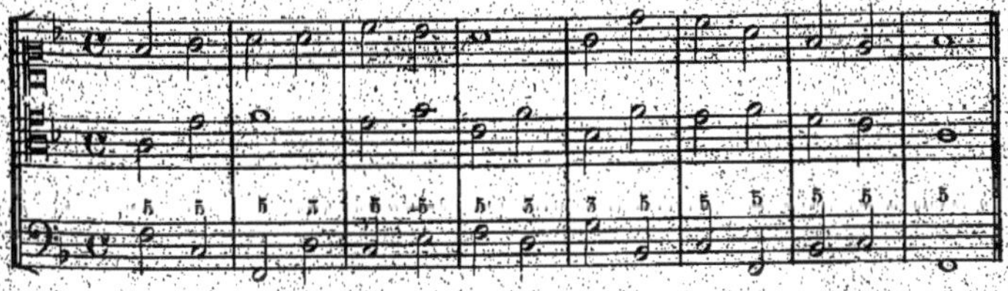

RÈGLES DE RÉALISATION «EXCEPTIONS»

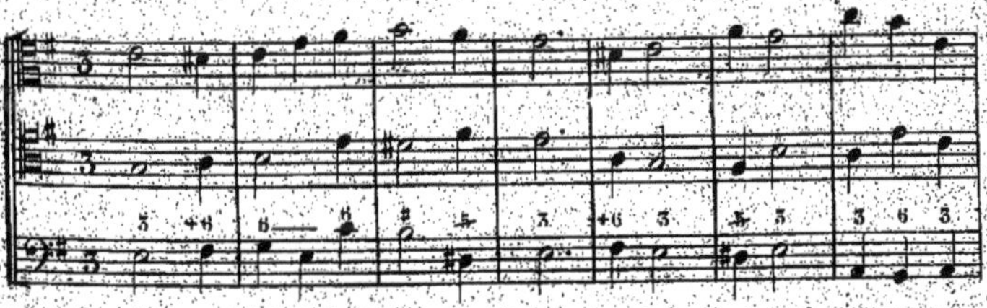

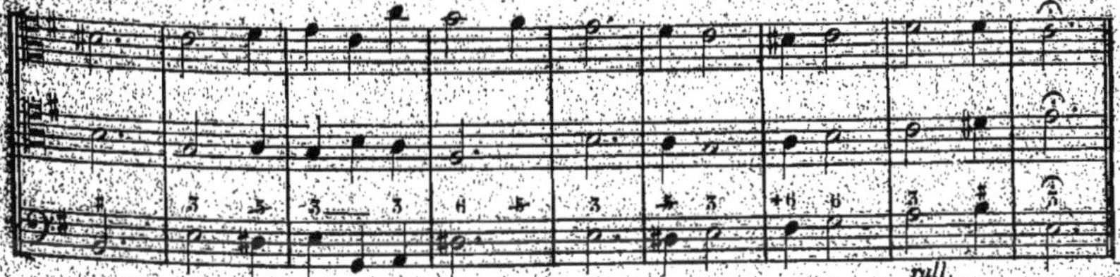

N.º 61.

BASSE DONNÉE
5   6/4   5   3   3   3   3   5   6   3   5
5   3   3   3   5   6/4   5   3   5   6   +6   5

N.º 62.

BASSE DONNÉE.
5   6 3   5   6/4 5   3 3 3   5   6/4 5   3   5   6 6 3   6   5 5

5   5 5   5   6 6/4   5   3 6/4   5   3 6 5   5   6/4   5   6/4   3   5   5

N.º 63.
BASSE DONNÉE.
N.º 64.
BASSE DONNÉE.

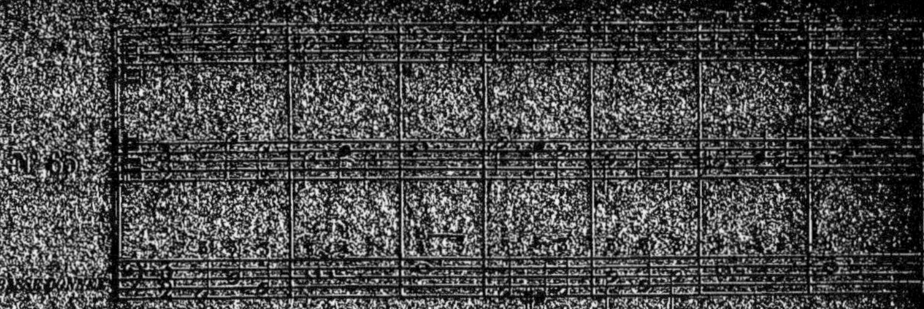

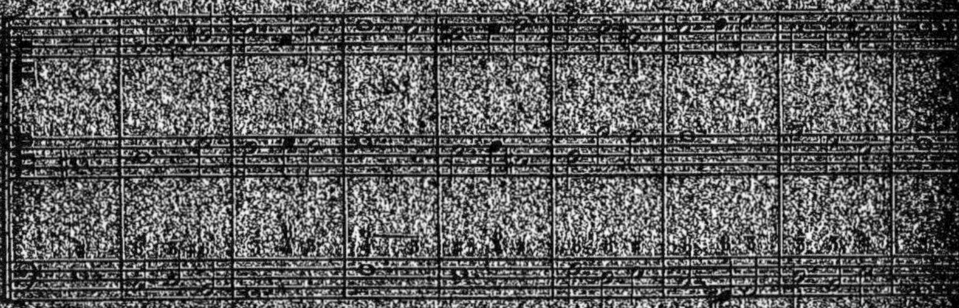

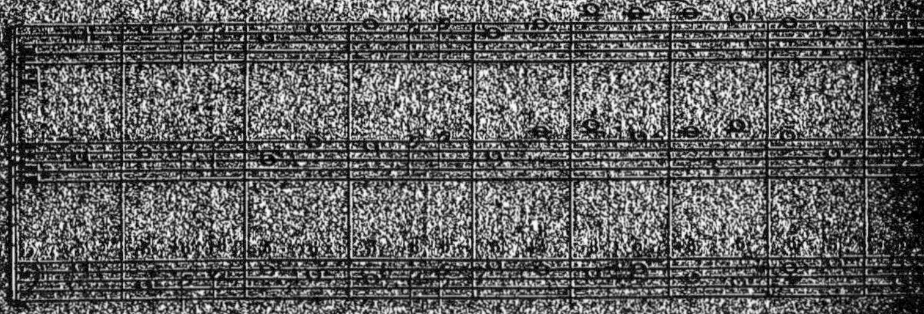

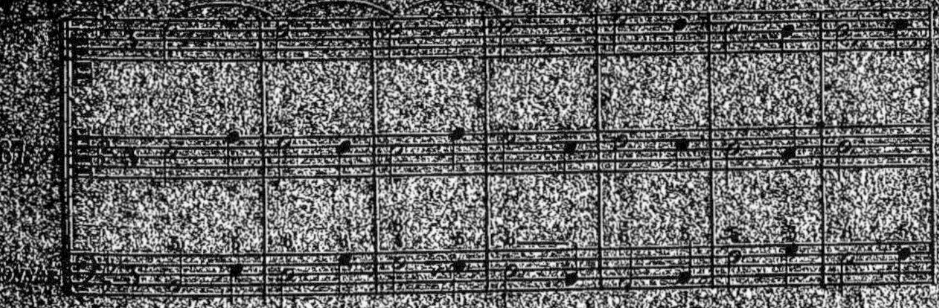

CHANTS A ACCOMPAGNER
Accords de trois sons à l'état direct.

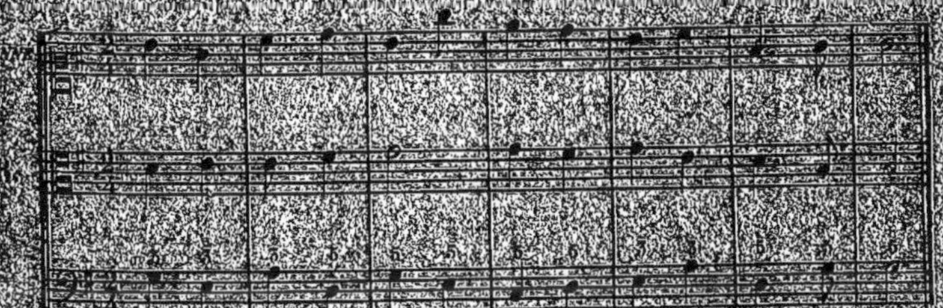

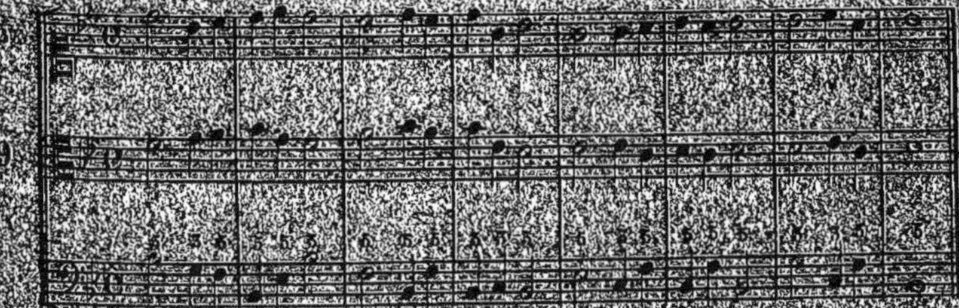

HARMONIE À QUATRE PARTIES.

CHANTS À ACCOMPAGNER
Accords de trois sons à l'état direct.

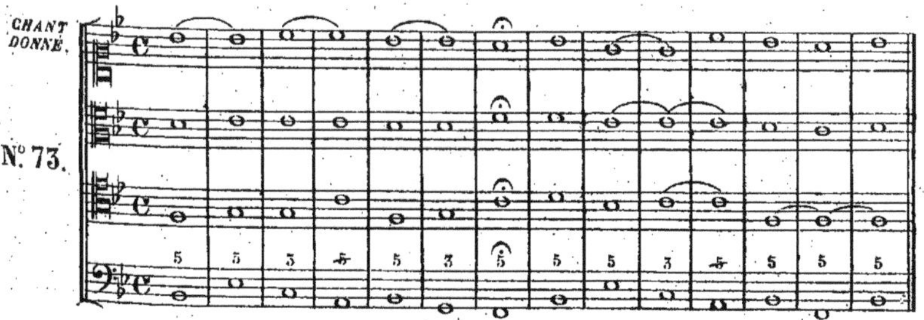

BASSES À CHIFFRER ET À RÉALISER.

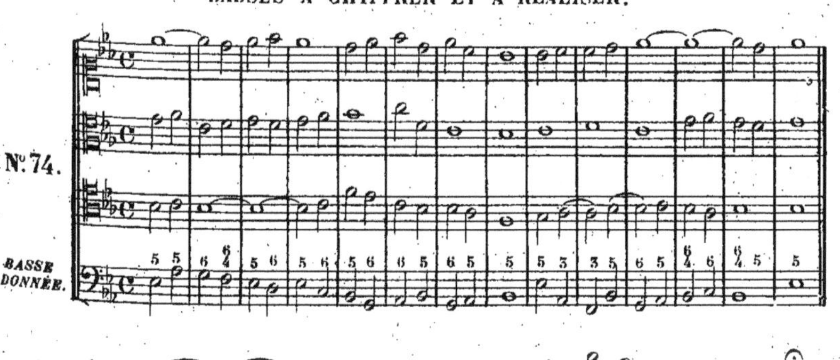

N.º 77.
BASSE DONNÉE.
N.º 78.
BASSE DONNÉE.
rall.
1370.

CHANTS A ACCOMPAGNER

Accords de trois sons et leurs renversements

CHANT DONNÉ
N.° 81.
CHANT DONNÉ
N.° 82.

BASSES ET CHANTS A RÉALISER

Changements de Position

N° 85.
BASSE DONNÉE
3 6 3 6 6/4 6 6 5 3

5 6 3 6 3 6/4 6/4 3

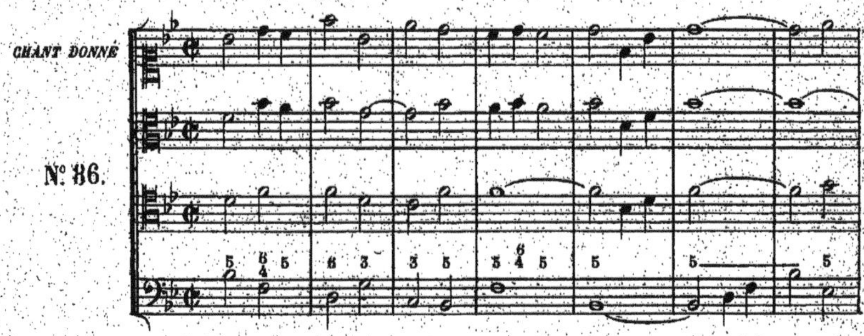
CHANT DONNÉ
N° 86.
5/4 6 5 6 3 3 5 6/4 5 5 5 5

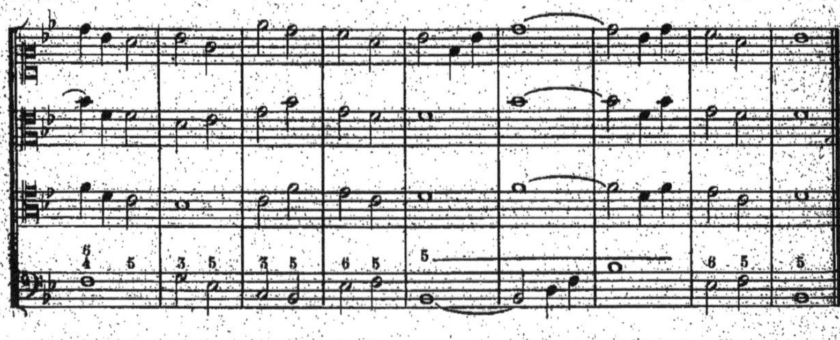
5/4 5 3 5 3 5 6 5 5 6 5 5

BASSES ET CHANTS A RÉALISER

Échange de notes

30

N.º 89.

BASSE DONNÉE

CHANT DONNÉ

N.º 90.

E. F. 370.

CHANT DONNÉ

Nº 91.

EXERCICE

Basses et chants à réaliser

HARMONIE ARPÉGÉE

N.º 92

Basse à réaliser
pour le piano

CHANT DONNÉ
Nº 93.
Nº 94.
BASSE DONNÉE

Nᵒ 95.

MARCHES HARMONIQUES

N° 96.

V

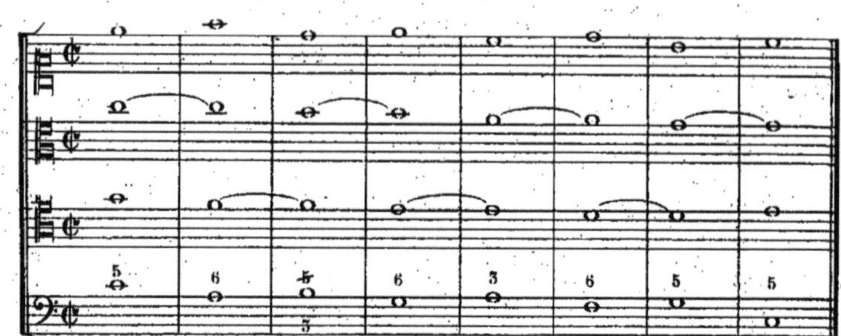

VI

VII

VIII

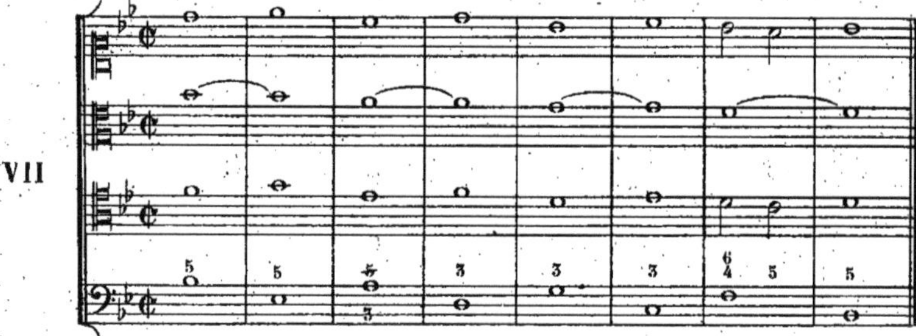

IX

X

XI

XII

BASSES ET CHANTS A RÉALISER

Marches harmoniques

N.° 97.

BASSE DONNÉE

Nᵒ 98.
BASSE DONNÉE

Nº 99.

Nº 100.

N⁰ 101

N.º 102

BASSE DONNÉE

44
CHANT DONNÉ
N.º 103
E. F. & C.

CHANT DONNÉ
N.º 104

CHANT DONNÉ
N.º 105

CHANT DONNÉ
N.º 106

EXERCICE

Basses et chants à réaliser

NOTES DE PASSAGE ET BRODERIES

Nᵒ 108.
BASSE DONNÉE.

50

N° 109.

BASSE DONNÉE.

N° 110.

BASSE DONNÉE.

N° 111.
BASSE DONNÉE.

N.º 112.
BASSE DONNÉE.
CHANT DONNÉ.
N.º 113.

CHANT DONNÉ.

Nº 114.

& C.

E. P. &. 137.

N° 116.

IMITATIONS.

Basses et chants à réaliser.

N° 117.

Fragment B
Fragment A

rall.
rall.
rall.
rall.
FIN.

CHANT DONNÉ.

Nº 118.

Nº 119.

BASSE DONNÉE.

Imit à l'8e
2 motif.
Coda.
Coda.
Coda.
Coda.

Nº 120.

Religioso.
CHANT DONNÉ.
Imit. A
Imit. A
6   3   5 6   3   6   5   6

Imit. A
Frag. A
Tête du sujet
5   5   5   Imit. A
6   6 6 5 6   3   5
4

Frag. A
Imit. A
5   3   5 6   5   6   5   3   6   5   Imit. A
4   Frag. A   4
6

rall.   FIN.
rall.
rall.
rall.
5 6 5 6   5 6   6 5 6   3 5 6 5
4   4   4   4
6   6   6   5   5

HARMONIE À PLUS DE QUATRE PARTIES.

Marches à réaliser à cinq Parties.

N° 121.

I

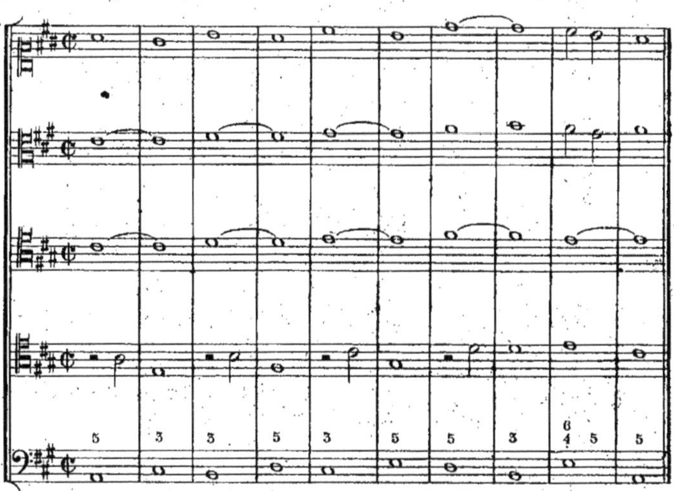

II

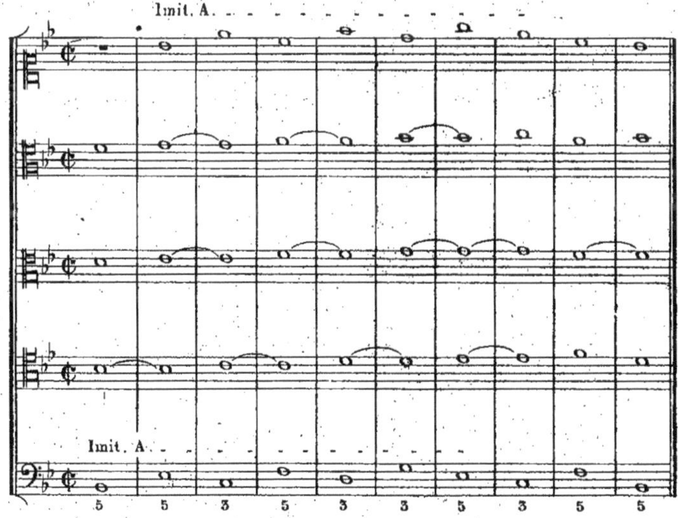

III

IV

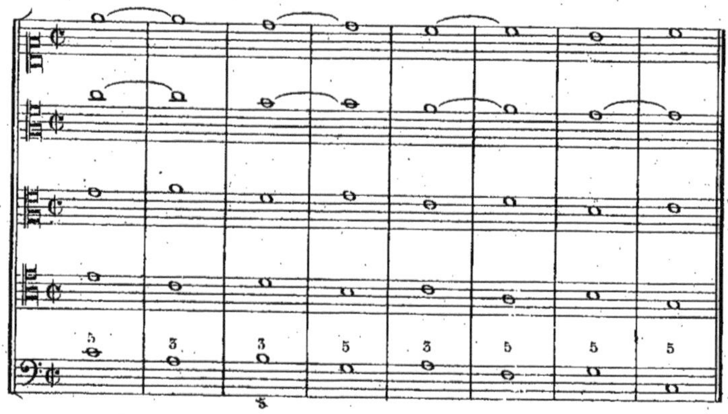

V

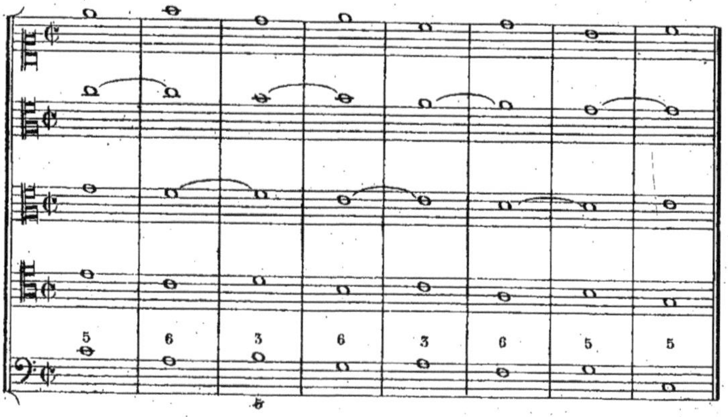

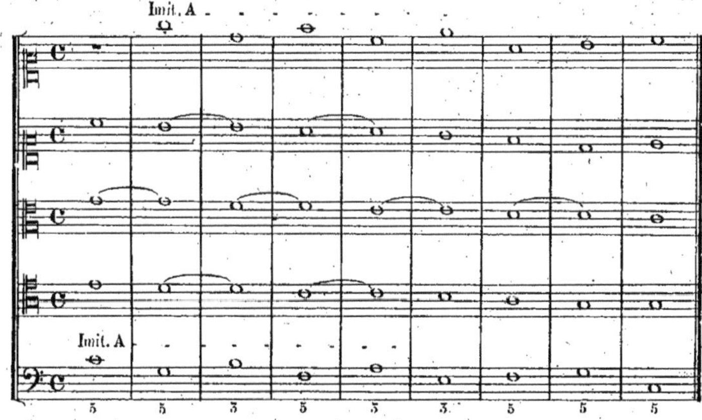
Imit. A
VI
Imit. A

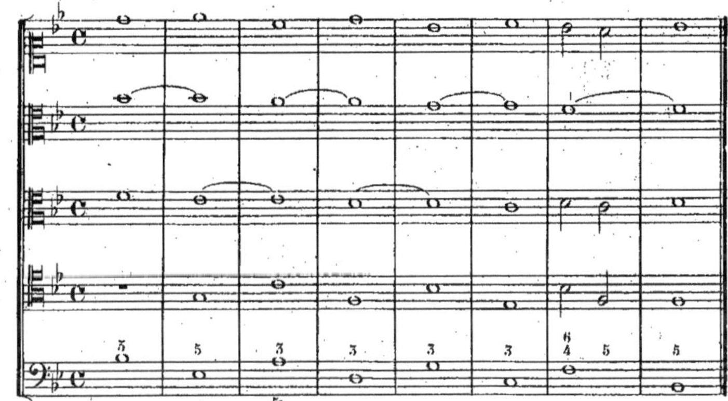
VII

VIII

IX

à 6 Parties.

X

à 7 Parties.

XI

à 8 Parties.

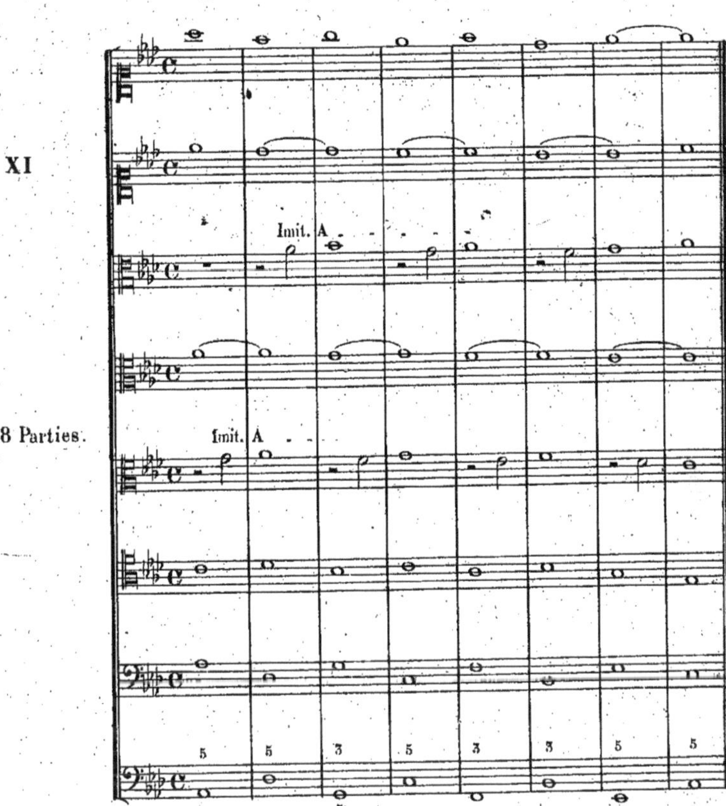

XII

avec des Imitations et
des notes de Passage

Basses à réaliser à *cinq Parties*

Nº 122.

Andante.
Imit. A
Imit. A
Imit. A
N.º 123.
BASSE DONNÉE

Basses à réaliser à *six Parties*

Nº 124.

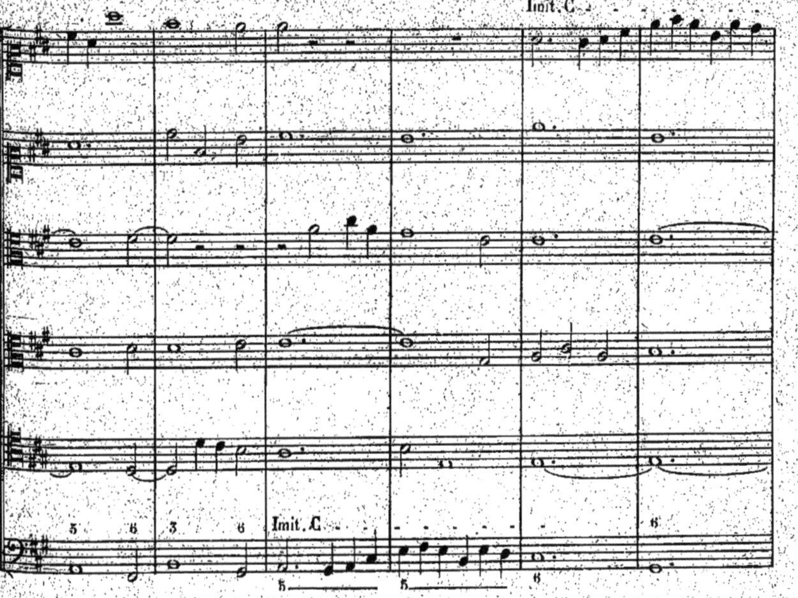
Imit. C.
Imit. C.

Imit. A.
Imit. A.
Imit. A.

Nº 125.

à 7 Parties

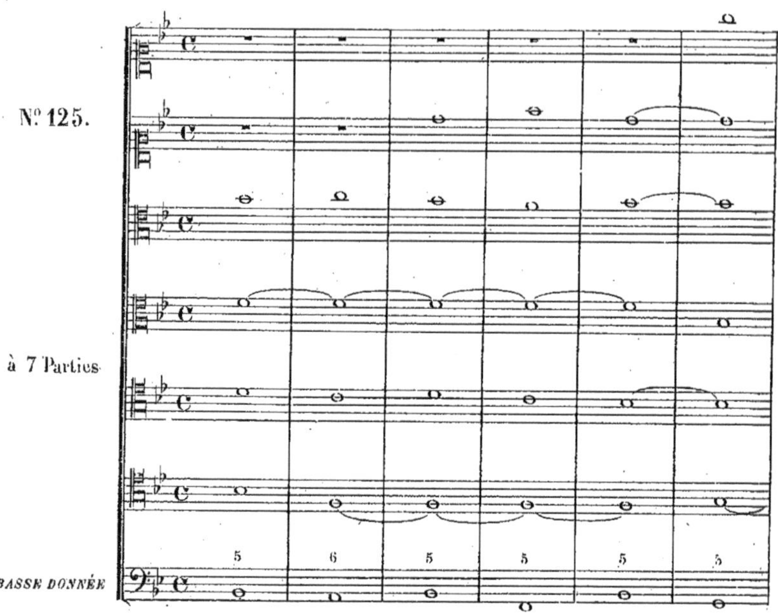

N.º 126.

à 8 Parties.

BASSE DONNÉE.

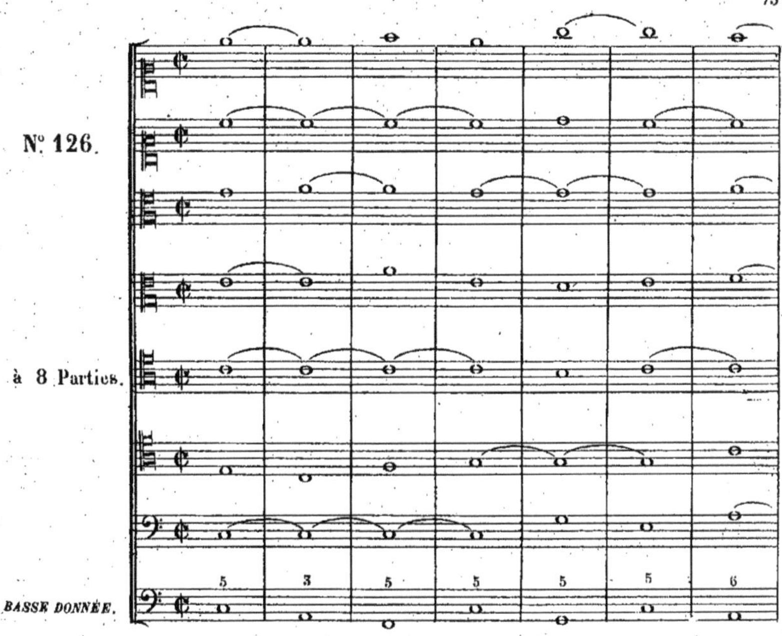

N.º 127.
BASSE DONNÉE.
Chant donné
Basse donnée.

DOUBLE CHŒUR.

N.° 128.

CHANT DONNÉ.

Nᵒ 129.

CHANT DONNÉ.

Basse donnée

Partie donnée
Partie donnée
Partie donnée.

N.º 130.

à 3 Parties.

BASSE DONNÉE.

HARMONIE À DEUX PARTIES.

MARCHES HARMONIQUES MODULANTES.

Nº 134.

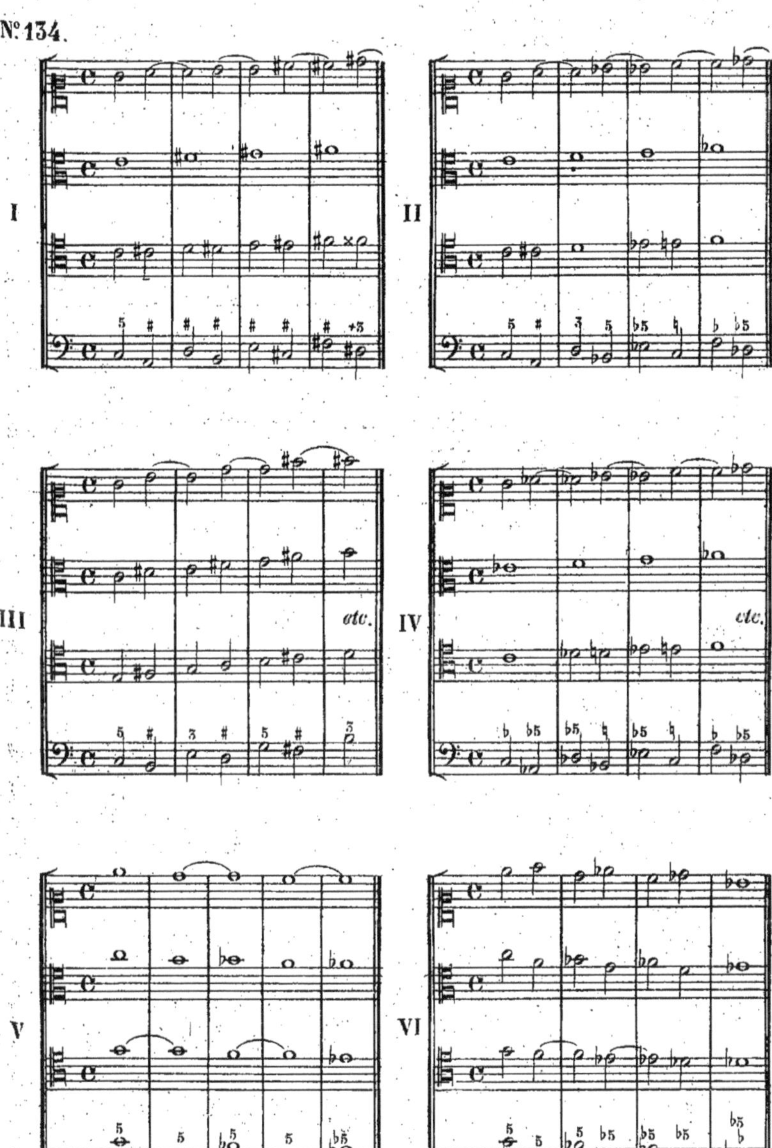

80
VII 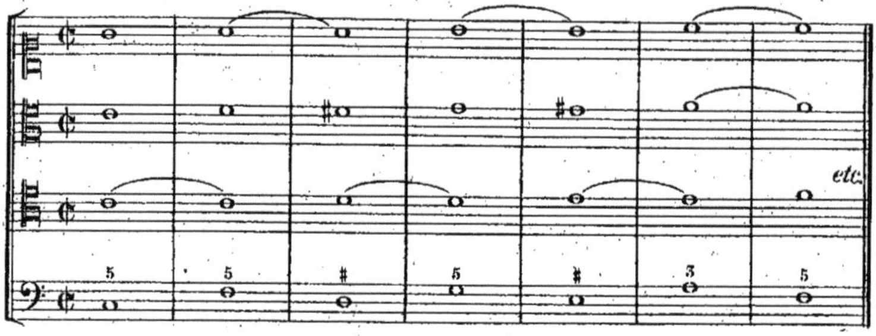
etc.
VIII 
IX 
X 
XI

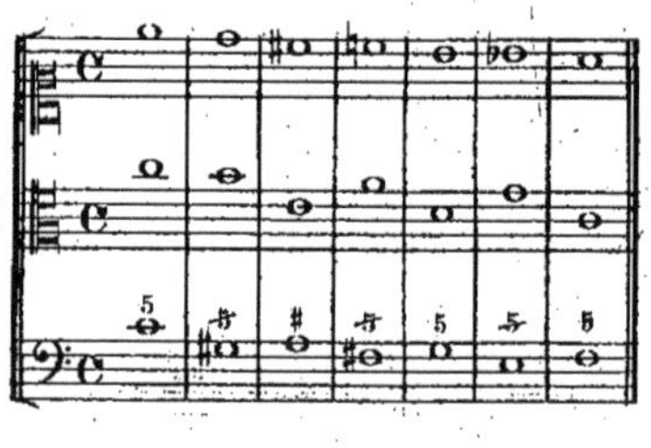

XII 
XIII 
XIV 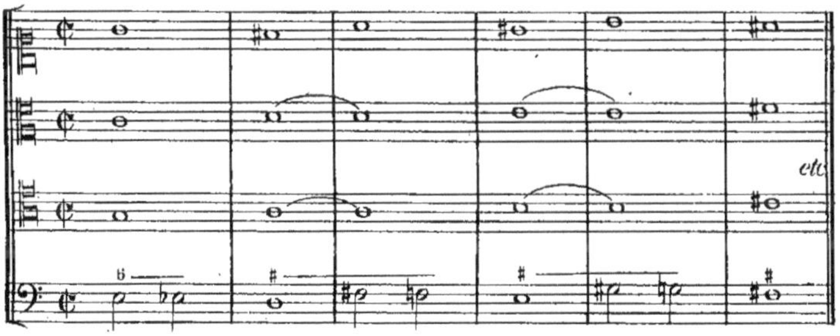
etc
XV
etc.

MODULATIONS

Basses et Chants à réaliser

Tous relatifs.

Nº 135.

imit. C
reproduction A
imit. C
reproduction B
3 6 3 5 3 3 6 3

6 5 5 5 5 3 3 6

reproduction B
reproduction A
3 6 5 6 3 6 3 6 5 3

Andante.
CHANT DONNÉ
N.º 136.
5   5   3   6   3   6+4   6

reproduction du motif A.
5   5   5   6\n4   5   3   6   3   6+4   6

5   5   5   3   3   6\n4   3 6\n4 3   6   5

N.° 137.

CHANT DONNÉ.
N.º 138.
Religioso.
rall. a Tempo.
rall.
rall. a Tempo.

CHANT DONNÉ.
N° 139.

N.º 140.

Changement
de Mode.

BASSE DONNÉE.

Andante.
CHANT DONNÉ.
N.° 141.
Canon.
Canon.

N.º 142.

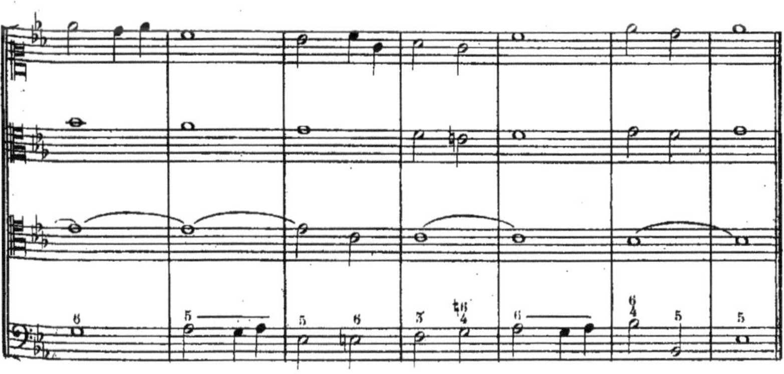

N.º 143.

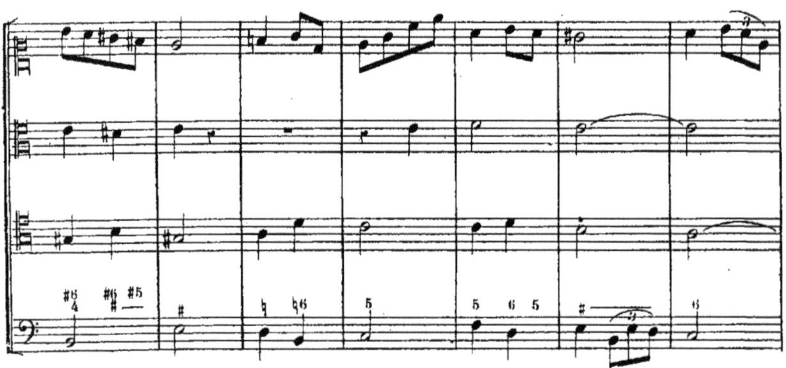

N.° 144.

Enharmonie

BASSE DONNÉE

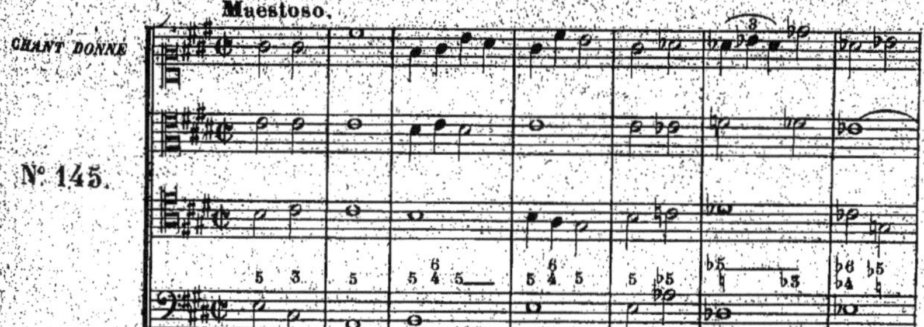

Maestoso.
CHANT DONNÉ
N° 145.

Imitation A
Partie donné
N.º 146.
Imitation C
Récapitulation
Imitation B
5   6   6   3   6   5

Imitation B
Imit. C
Imit. C
Imit. A
Imit. A
Partie donnée
Imit. A
Partie donnée
5   5   #   6   #6 #   6   6   5

Partie donnée
5   #   6   #6 #   6   6   #

5 6 5
6

Reproduction A
6
5
5
45
6

Partie donnée
Reproduction A
Reproduction C
Reproduction B
3
6
5
6
4
5

Partie donnée

Reproduction A
Partie donnée

ALTÉRATIONS

Marches Harmoniques

ALTÉRATION DE LA QUINTE

N.º 147.

Altération ascendante

Altération descendante

V

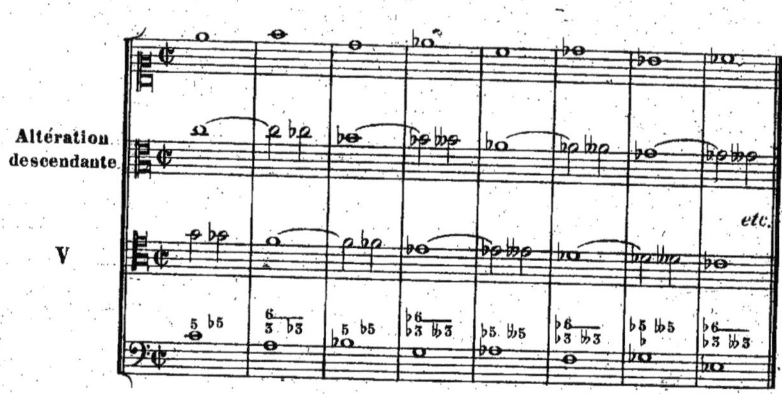

VI

etc.

ALTÉRATION DE LA TIERCE.

Altération descendante

VII

etc.

E. F.

etc.

VIII

**Altération
descendante**

IX

etc.

X

etc.

XI

etc.

ALTÉRATION DE LA FONDAMENTALE

Altération
ascendante

XII

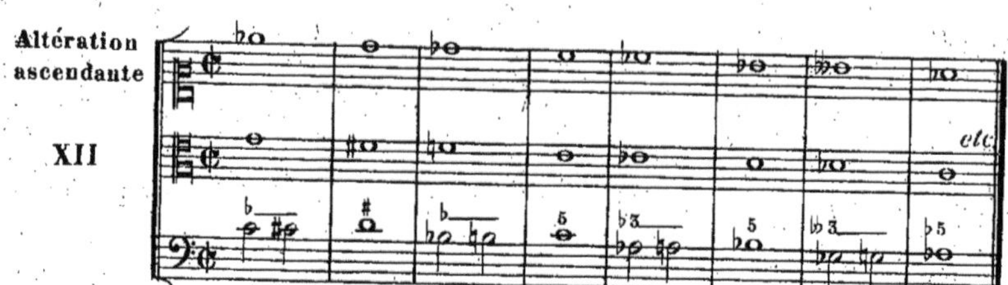

Altération
descendante

XIII

ALTÉRATIONS DOUBLES

XIV

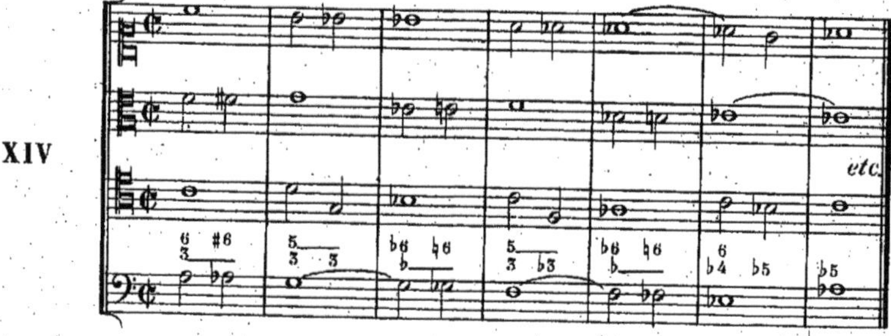

XV

BASSES ET CHANTS A RÉALISER

N.º 148.

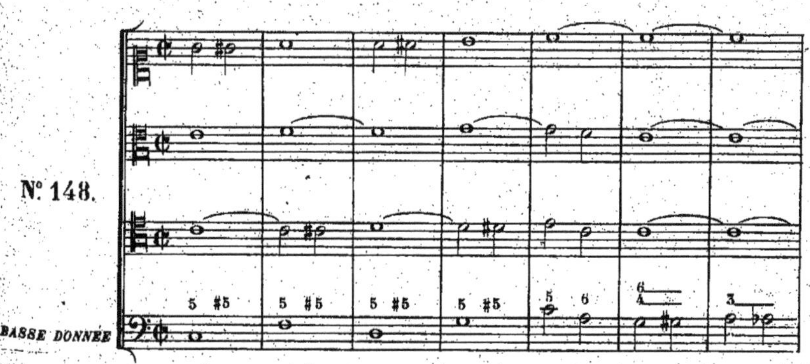

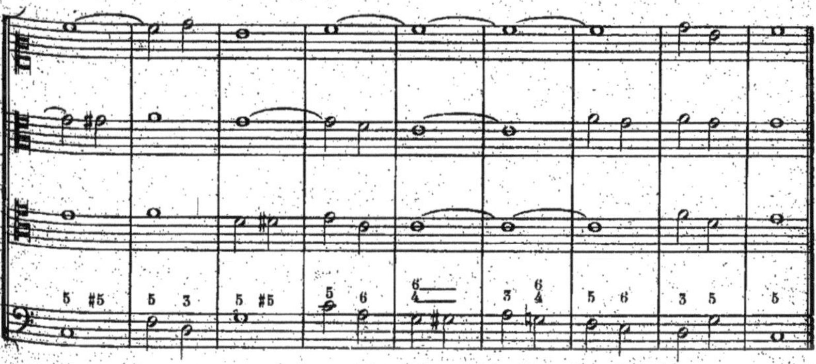

N.º 149.

BASSE DONNÉE

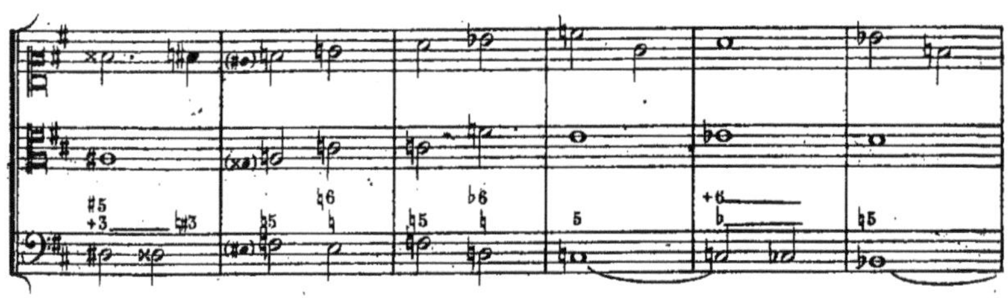

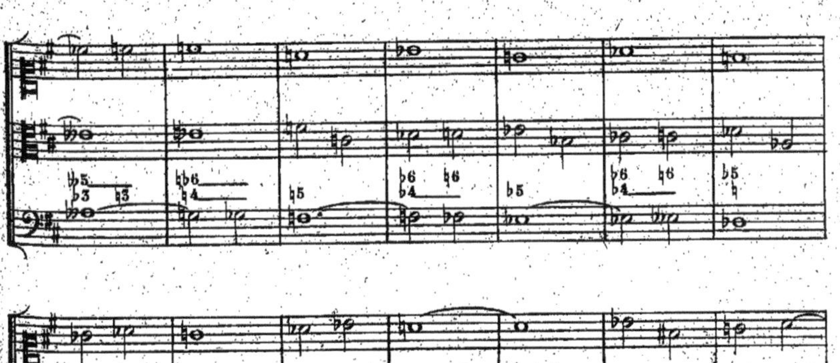

N.º 150.

Canon à l'8ve
Canon à l'8vo
Imitation A
BASSE DONNÉE
0   0   0   0   0   6   5   3   #3   6   3   +4   6   5   6   5

Imitation régulière A
par mouv.t contraire
Thême A
3   6   6   5   3   6   3   6 4   6   6   5   5   +6   4   5   #

6   +6   5   6   6   3   6   6 4   #   5 3   #3   5 3   #3   #5

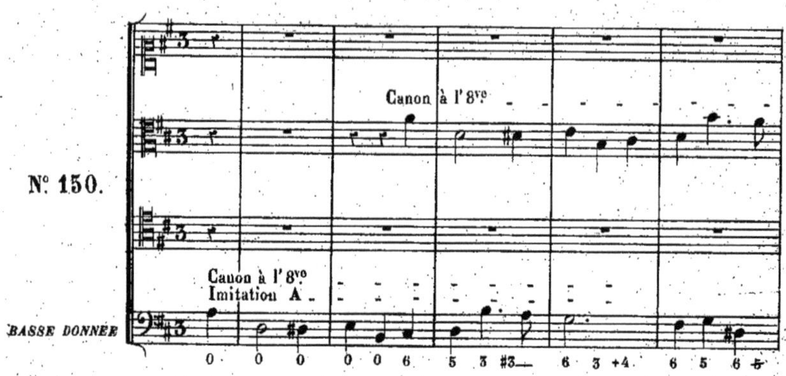

Fragt A
Imitation B
Imitation C
Imitation C

Reproduction C
Thème

Reproduction B
Thème A
A

Grazioso.
CHANT DONNÉ
N.° 151.
E.F. 8170.

Cantabile.
CHANT DONNÉ
N.º 152.

Seconde Partie

ACCORDS ATTRACTIFS

Accord de septième de dominante

MARCHES HARMONIQUES

N.º 153.

Accord
à l'état direct

I

Accord de quinte
diminuée et sixte

II

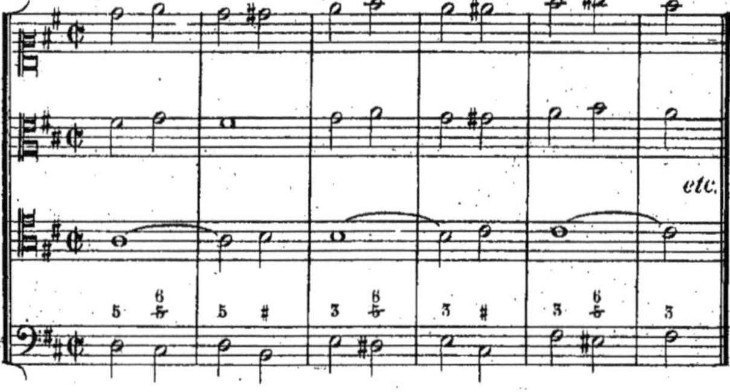

Accord
de sixte sensible

III

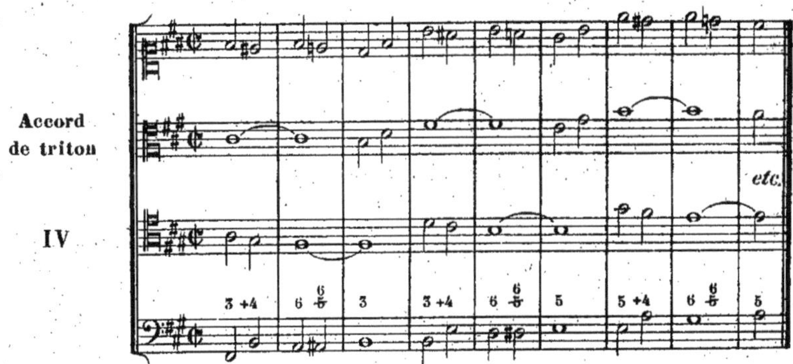

Basses et chants à réaliser

Nº 154.

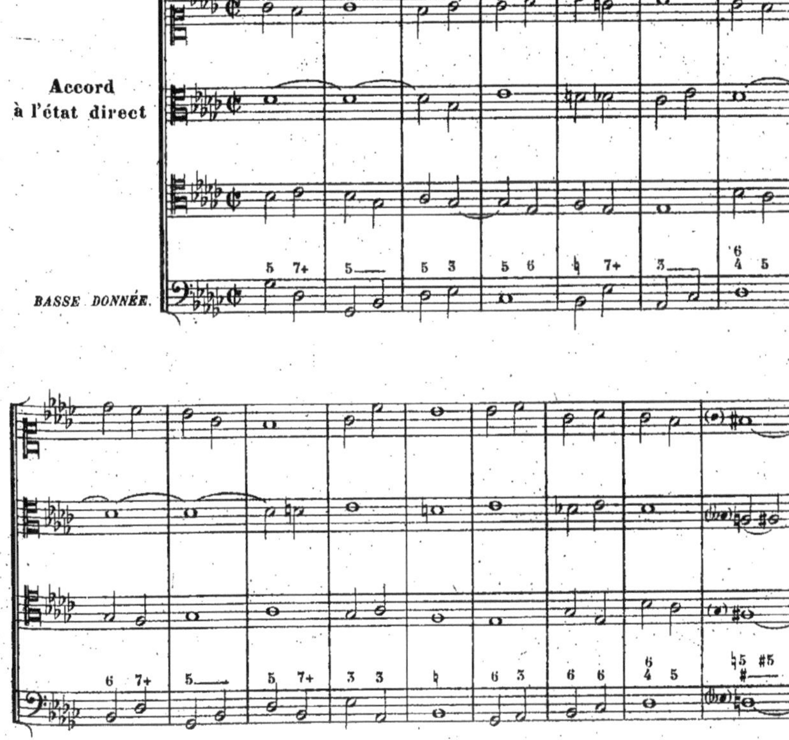

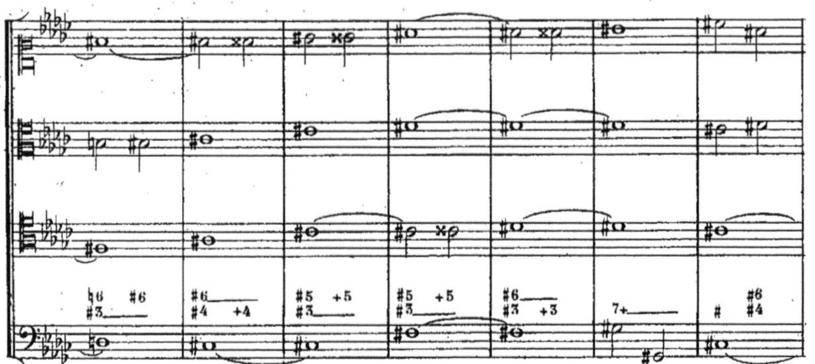

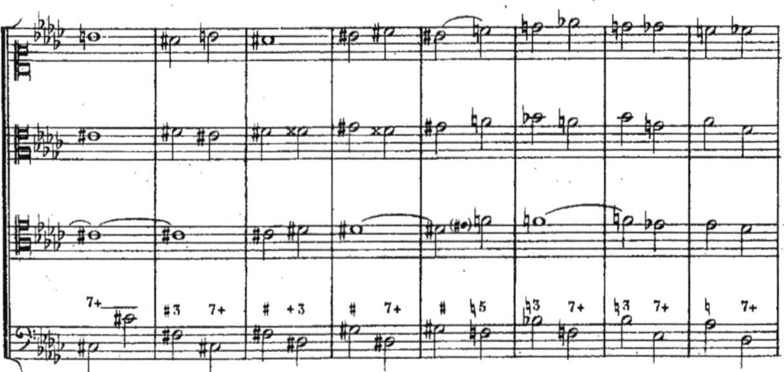

CHANT DONNÉ
Nº 155.

120
E.F. 1370.

N° 156.

Accord de quinte diminuée et sixte.

BASSE DONNÉE.

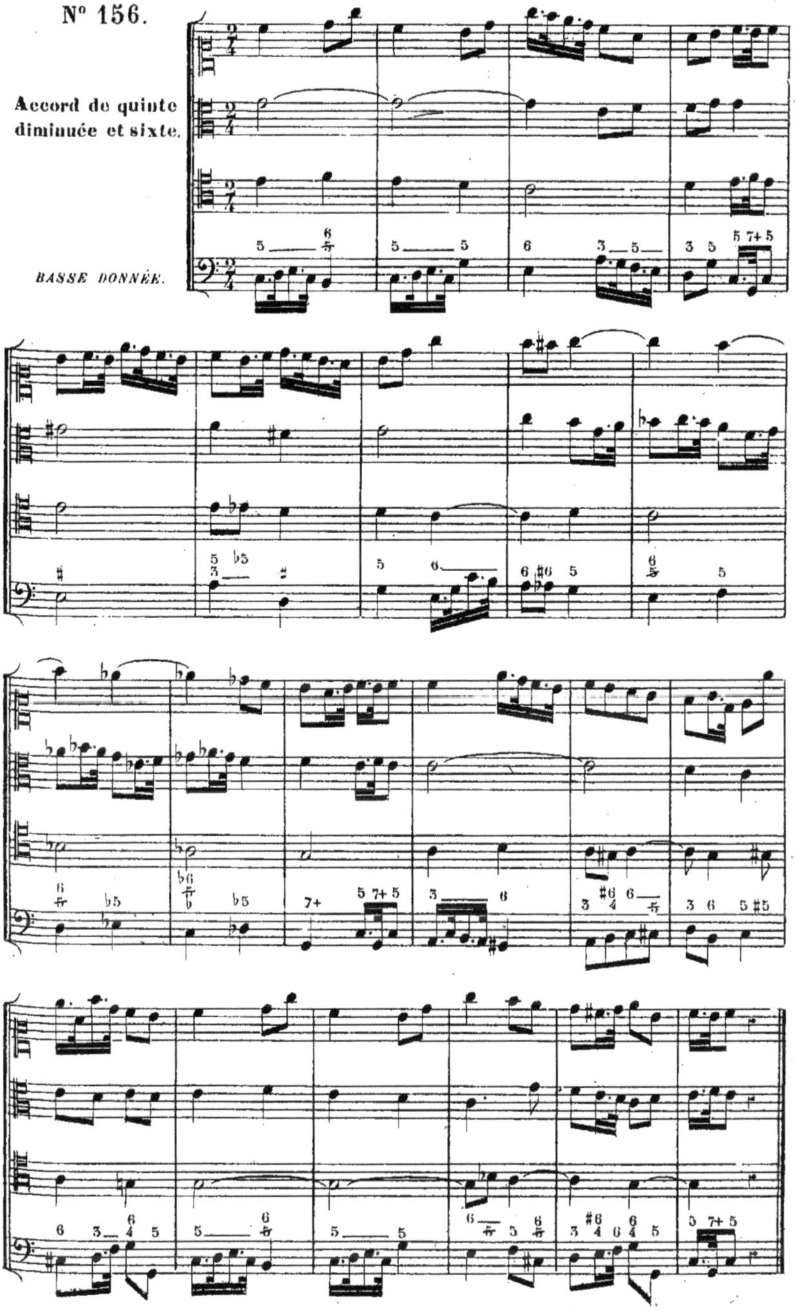

122

N° 157.

Nᵒ 158.

Imit. A
par mouvᵗ cont.
Accord de
sixte sensible.
Canon à l'8ᵛᵉ
Allegro.
Canon à l'8ᵛᵉ
BASSE DONNÉE.

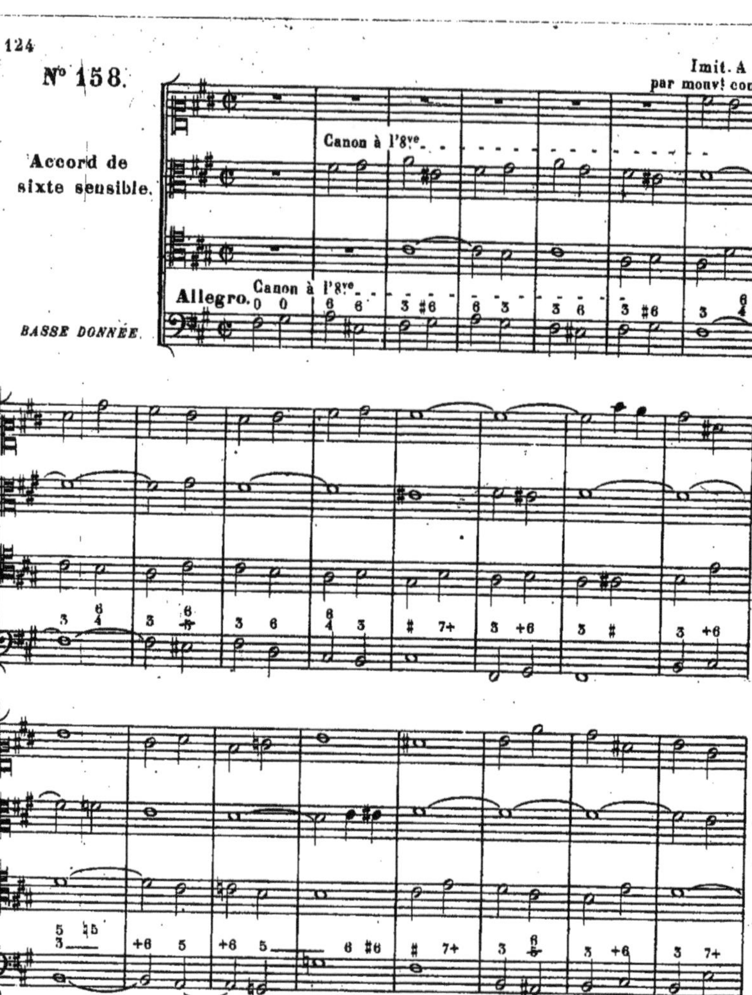

Allegretto.
CHANT DONNÉ.
Nº 159.

N° 160.

Accord
de Triton.

BASSE DONNÉE.

CHANT DONNÉ
N.º 161.

rall.
a Tempo.

ÉCHANGE DE NOTES.

N° 162.

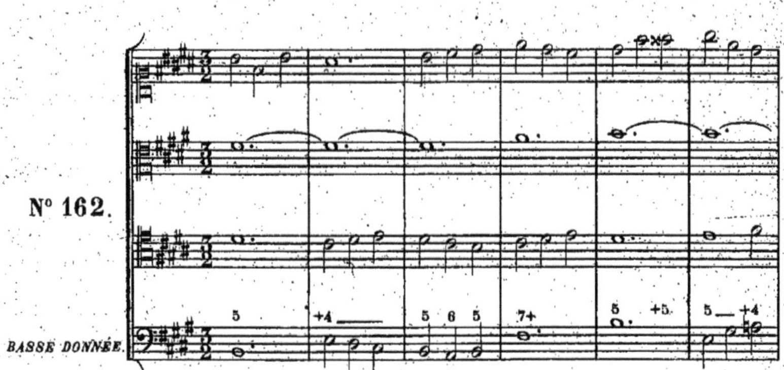

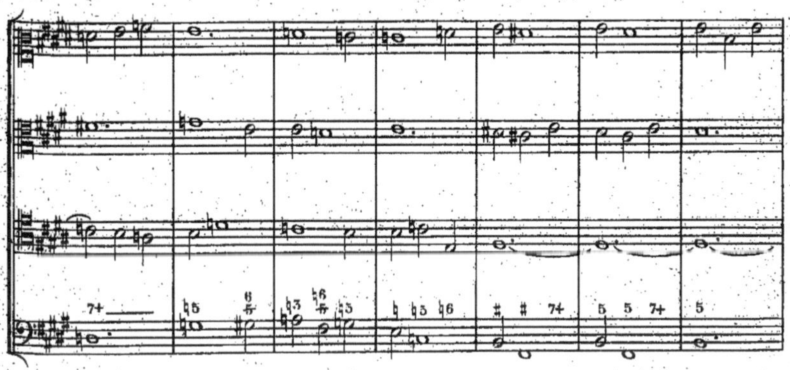

N.º 163.

BASSE DONNÉE

ACCORD DE SEPTIÈME DE DOMINANTE
RÉSOLUTIONS EXCEPTIONNELLES.

Marches Harmoniques.

Nº 164.

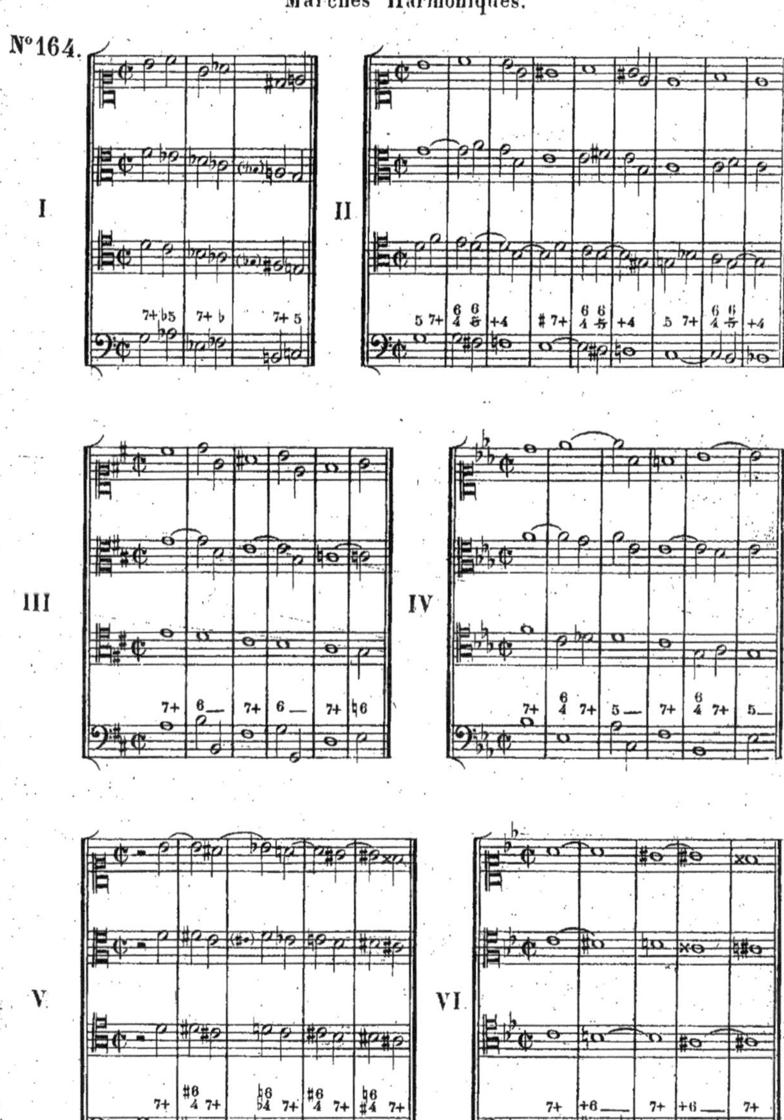

134

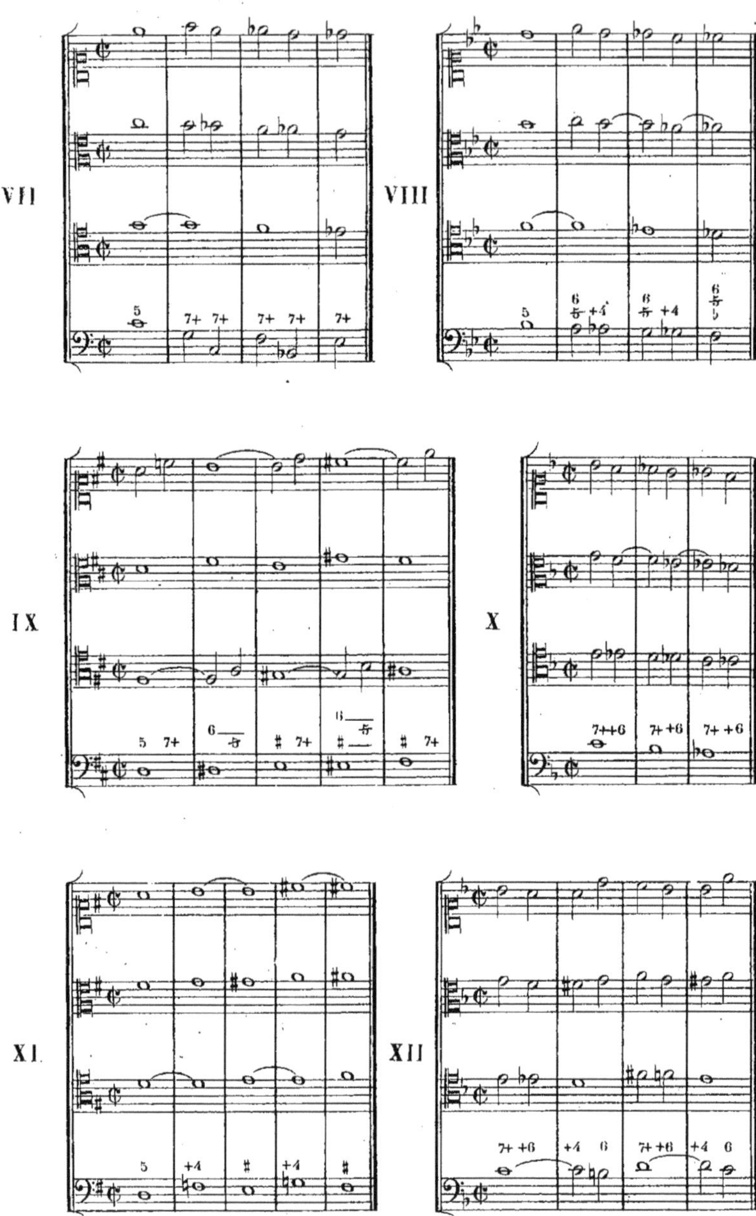

1370

XIII.

XIV.

XV

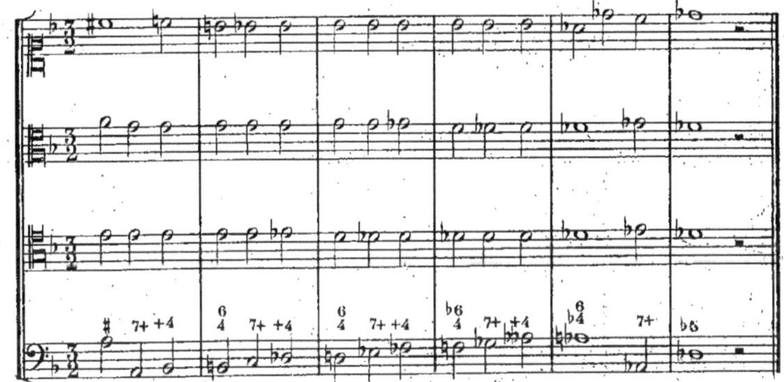

XVI

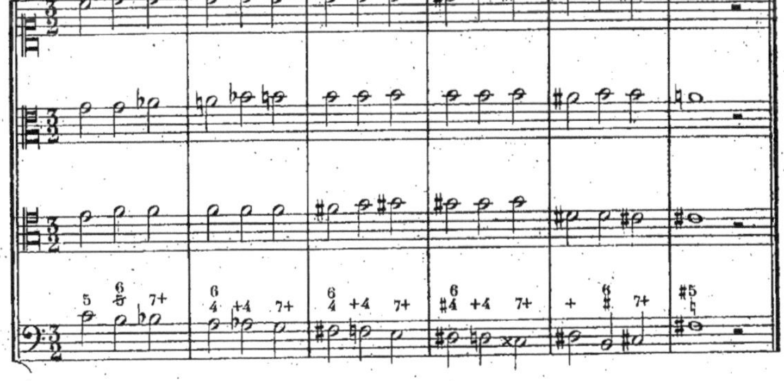

Andante.
CHANT DONNÉ.
N° 165.

rall.

N° 166.
BASSE DONNÉE.

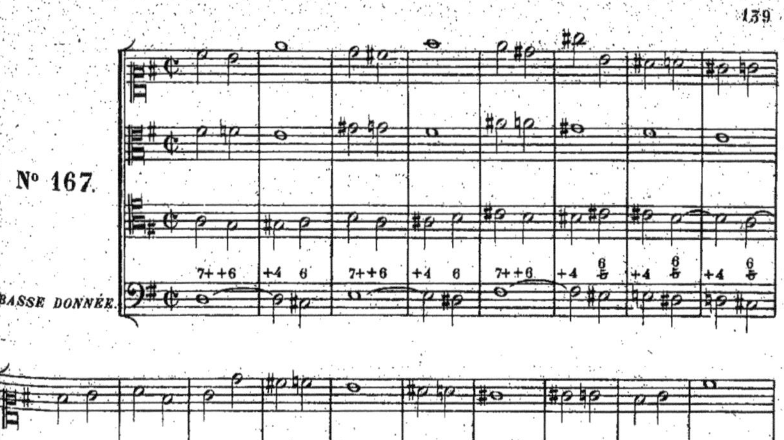

N° 167.
BASSE DONNÉE.
7++6   +4   6   7++6   +4   6   7++6   +4   6/5   +4   6/5   +4   6/5

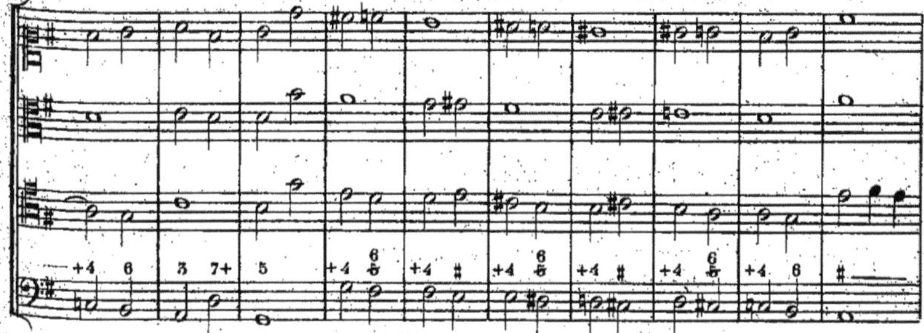

+4   6   3   7+   5   +4   6/5   +4   #   +4   6/5   +4   #   +4   6/5   +4   6   #

6/5   #   6/5   5   6/5   5   ♮   7+   5   5   6/5   7++4 6/4   +4   7+   6/4   +4

7+   6/4   +4   6   +4   6   3   6/5   5   +4   6   3   6/5   6/4   5   7+   5

N° 168.

rall.
a Tempo.

rall.

MARCHES HARMONIQUES

ALTÉRATION DE LA QUINTE, DANS L'ACCORD DE SEPTIÈME DE DOMINANTE.

Altération ascendante.

N° 169.

Altération placée à
la partie supérieure.

I

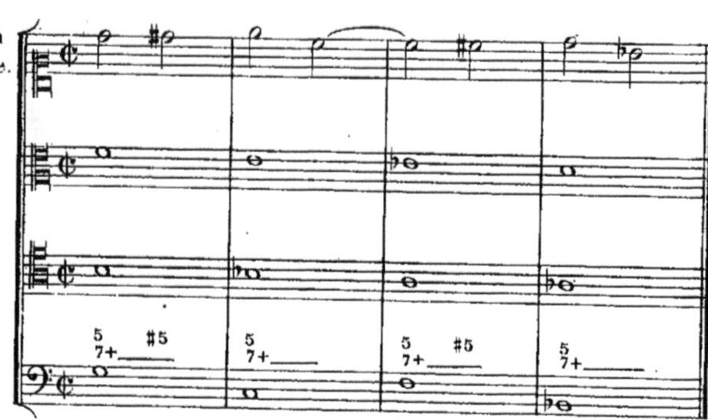

Altération placée
au Contralto.

II

III

Altération placée
au Ténor.

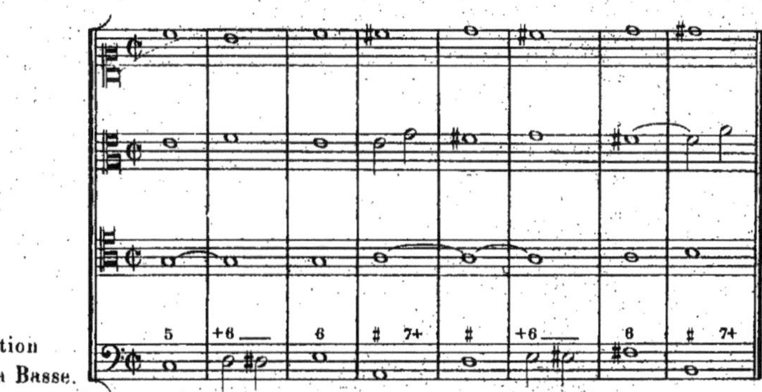

Altération descendante.

N° 176.

5 — ♮6/4/3 5 — 6 +6 5 — ♮6/4/3 5 — 6 ♮6 6/4 +7

5 #5 5 7+ — 6 3+6 5 5 ♮5 7+ — 6 3+6 5 5♮5 7+ — 6 6 ♭6 6/5 — 6 ♭♭6 6 5 6 ♮6

♮6/4/3 6/4 7+ 5 — ♮6/4/3 5 — 6 +6 5 — ♮6/4/3

CHANT DONNÉ.
N.º 171.

6 +4
5
9 6 9 6 9
8 8 8 8 8

5 +6 7+   5   3 3 #6 6 6 5 6 5
5
9 6 9 6 9
8 8 8 8 8

5 +6 7+   +4 6   6 +4 6 +4 6   3 7+ 5
4
9 6 9 6
8 8 8 8

Canon à 18me.
N.° 172.
Canon.
BASSE DONNÉE.
Coda.
Lento.
mf
CHANT DONNÉ.
p
N.° 173.
p
p

p
f
rall.

ACCORD DE NEUVIÈME MAJEURE

Résolution naturelle.

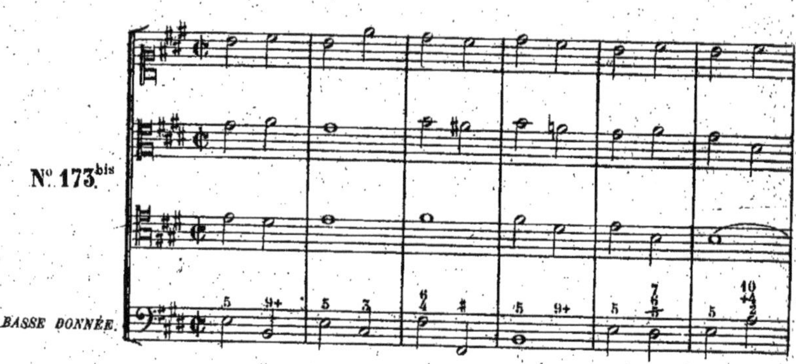

CHANT DONNÉ.
N.° 174.

Résolutions exceptionnelles.

Andantino.
CHANT DONNÉ.
N.º 176.

ACCORD DE SEPTIÈME DE SENSIBLE.

Nº 177.

CHANT DONNÉ.
N.º 178.

N.° 179.

ACCORD DE NEUVIÈME MAJEURE ET MINEURE

Marches.

Nº 180.

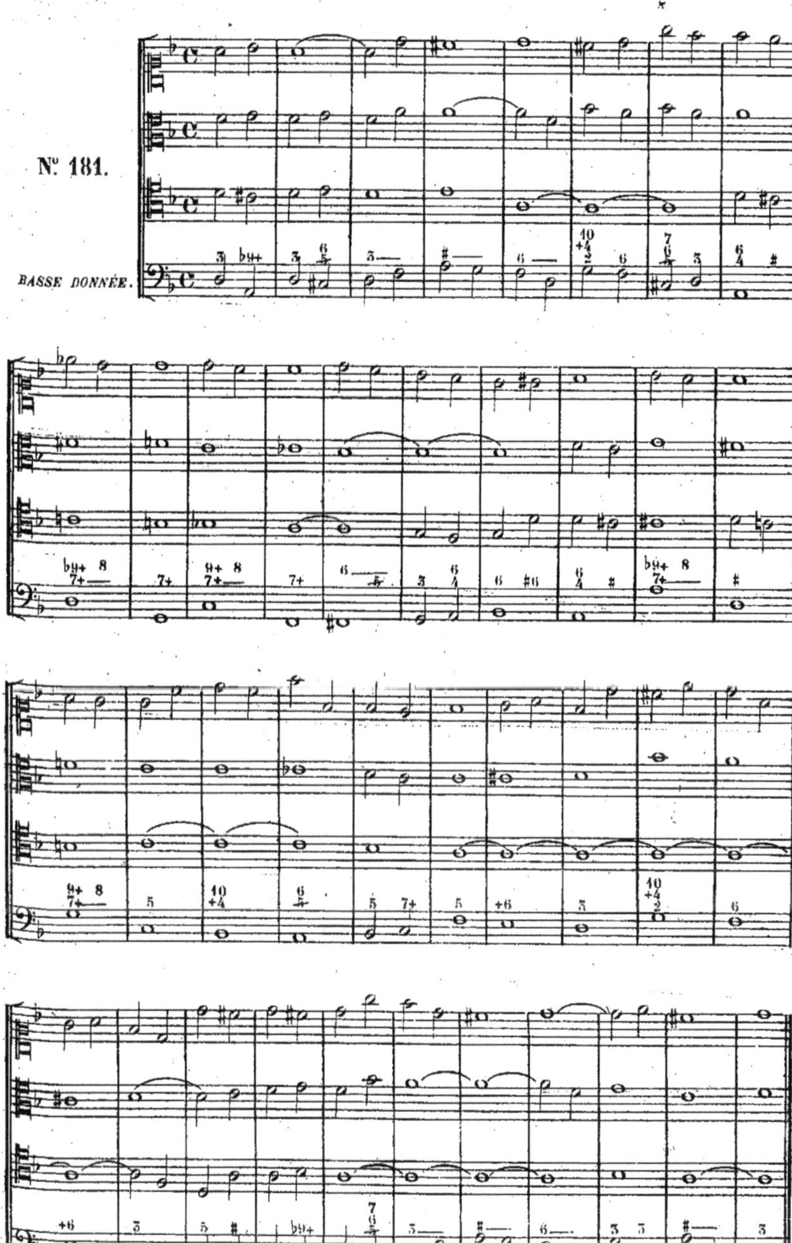
N.º 181.
BASSE DONNÉE.

Andantino.
CHANT DONNÉ.
N.º 182.

rit.
a Tempo.
f
p
f
p
f
p
f
p
rit.

ACCORD DE SEPTIÈME DIMINUÉE

Résolution naturelle.

N.° 183.

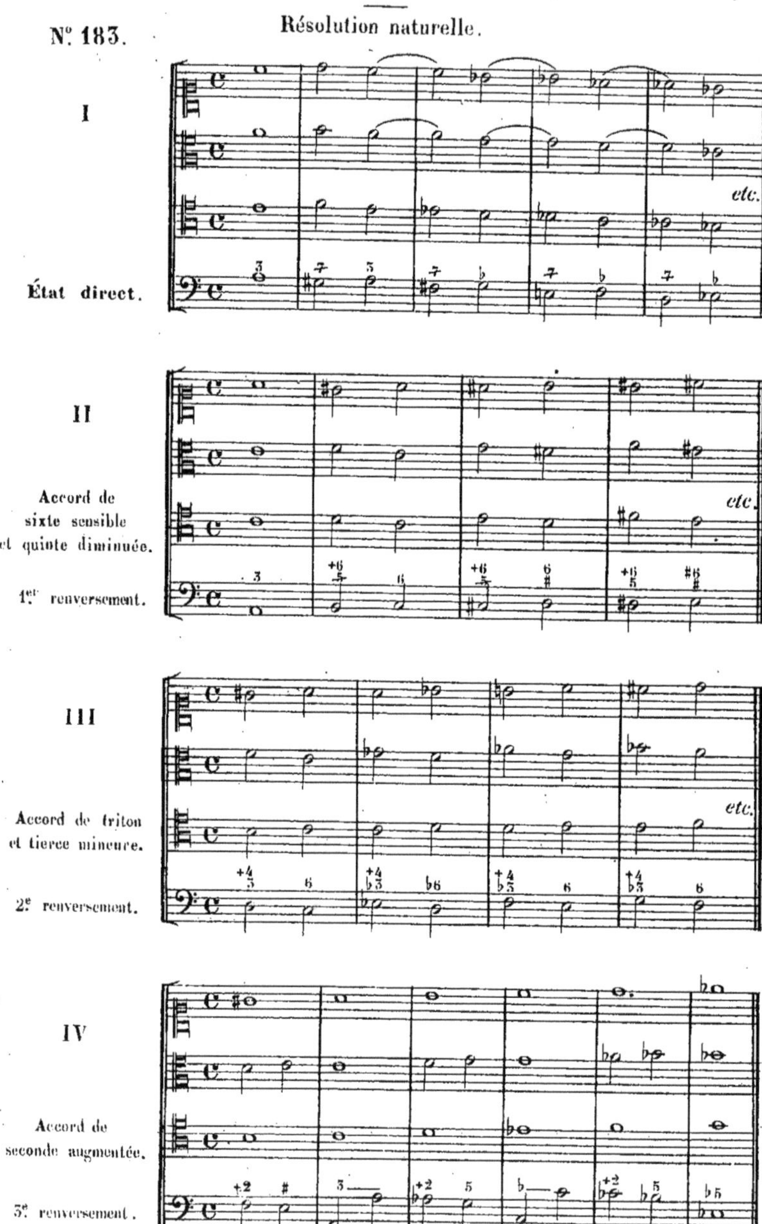

N.° 184.
BASSE DONNÉE.

RÉSOLUTIONS EXCEPTIONNELLES
Accord de septième diminuée à l'état direct.

N.° 185.

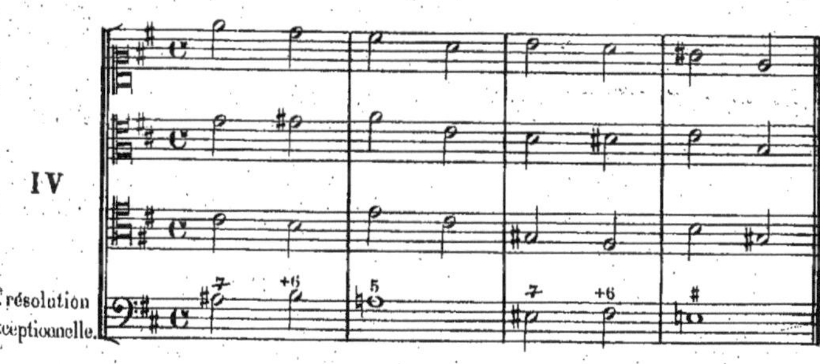

VI

6.ᵉ résolution
exceptionnelle.

VII

7.ᵉ résolution
exceptionnelle.

8.ᵉ résolution
exceptionnelle.

VIII

Résolution irrégulière
de la 5.ᵉ diminuée.

N.º 186.

BASSE DONNÉE.

E. M.

PREMIER RENVERSEMENT

accord de sixte sensible et quinte diminuée

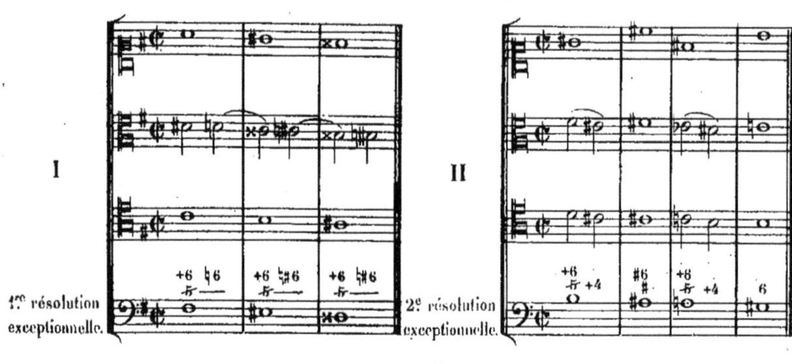

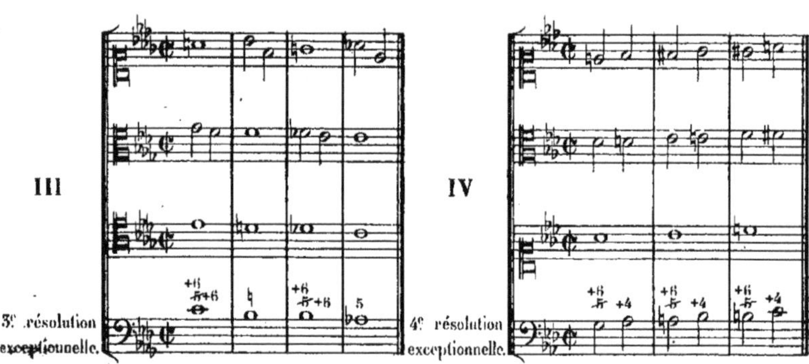

VI
VII
6ᵉ résolution exceptionnelle.
7ᵉ résolution exceptionnelle

VIII
IX
8ᵉ résolution exceptionnelle.
9ᵉ résolution exceptionnelle

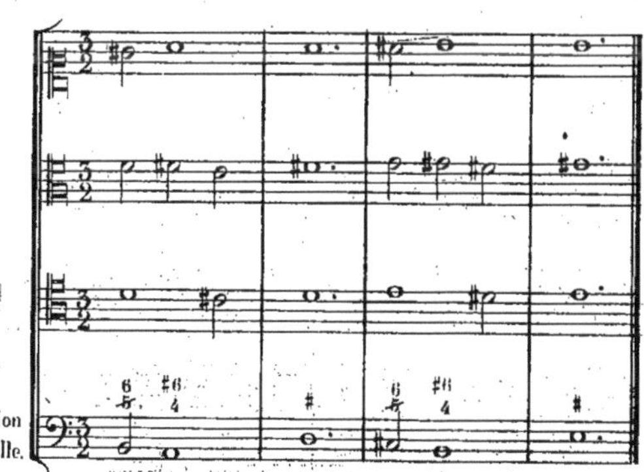
X
10ᵉ résolution exceptionnelle.

N.° 188.
BASSE DONNÉE.
1er R.
2e R.
3e R.
4e R.
5e R.
6e R.
7e R.
E. F. 8570.

8e R.
9e R.

Accord de triton et tierce mineure

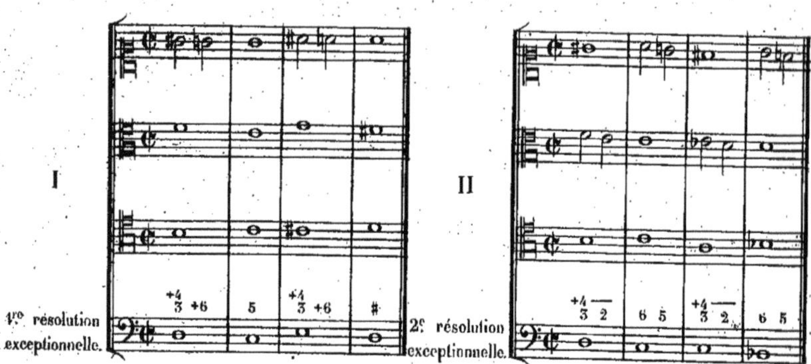

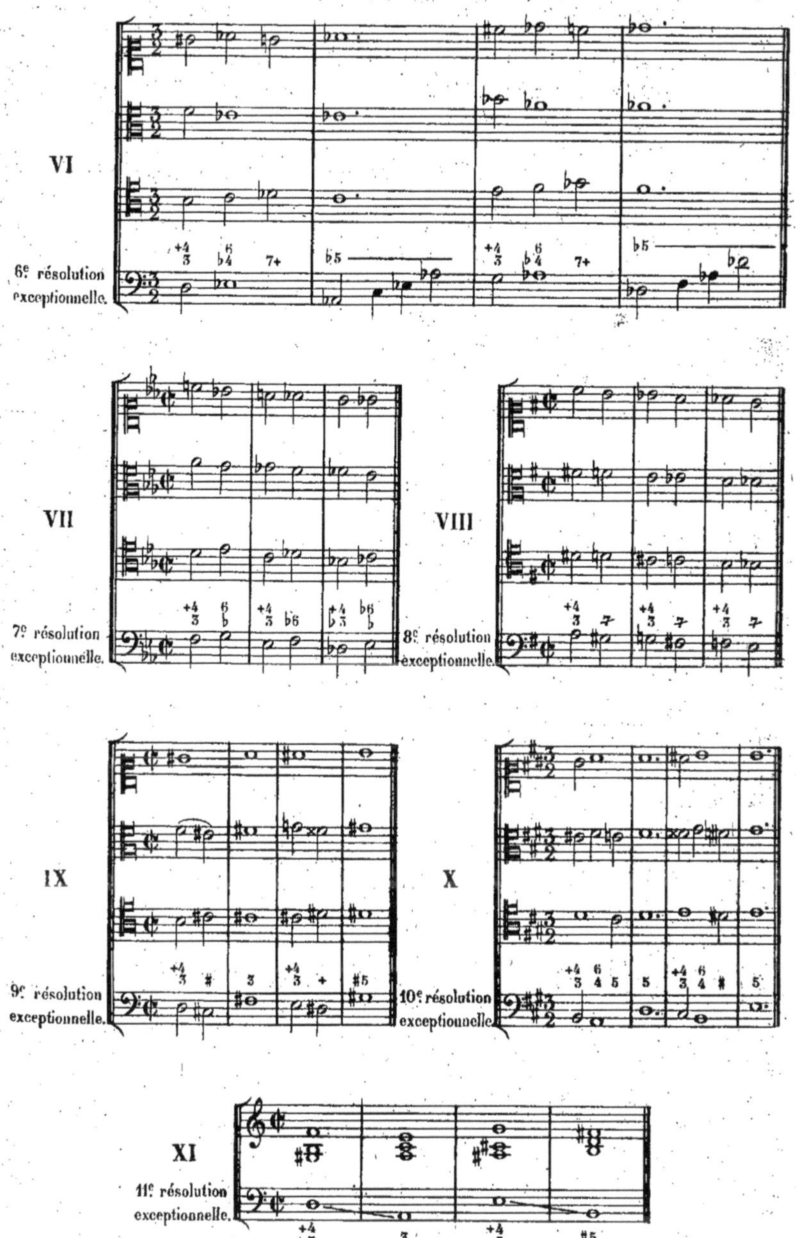
VI
6ᵉ résolution exceptionnelle.
VII
7ᵉ résolution exceptionnelle.
VIII
8ᵉ résolution exceptionnelle.
IX
9ᵉ résolution exceptionnelle.
X
10ᵉ résolution exceptionnelle.
XI
11ᵉ résolution exceptionnelle.

N.º 190.

BASSE DONNÉE.

6.º R.
7.º R.
8.º R.
9.º R.
10.º R.

ACCORD DE SECONDE AUGMENTÉE

Nº 191

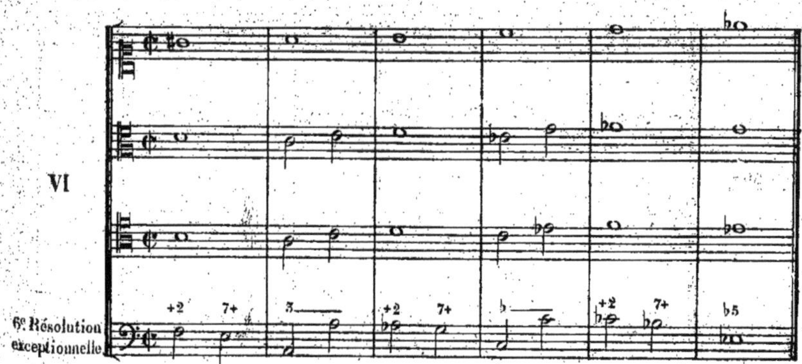
VI
6.ᵉ Résolution exceptionnelle
+2   7+   3___   +2   7+   b___   +2   7+   b5

VII
7.ᵉ Résolution exceptionnelle.
etc.
+2   #   3___   +2   5   b___   +2   5   b5

VIII
8.ᵉ Résolution exceptionnelle.
etc.
+2 6 7+   3___   +2 6 7+   5___
      4   4

IX
9.ᵉ Résolution exceptionnelle.
etc.
     +6   +6   +6   6
+2   5   +2   5   +2   5   +2   5

N.º 192

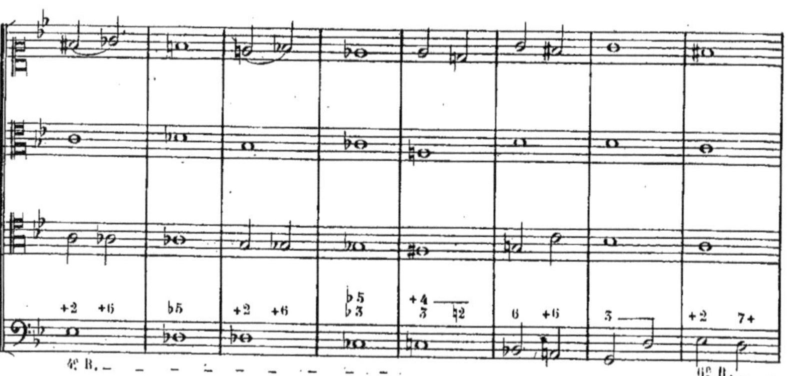

E. F. 8370.

+2   6   b5   +2   6   #   #   6   3 b6   6   #   3
      5   b5   5   4.
2e R.

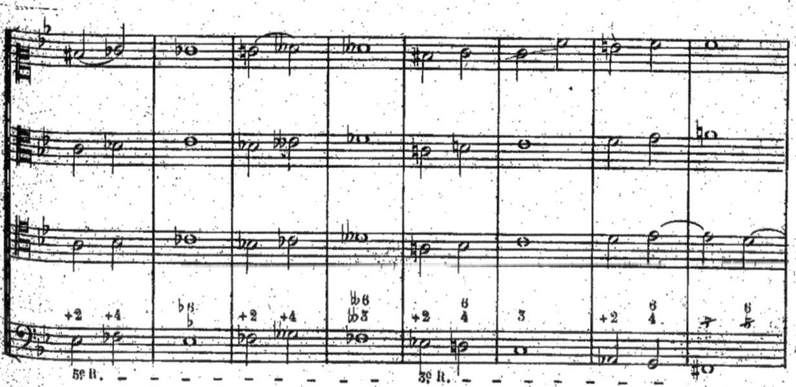

+2 +4   b8   +2 +4   b6   +2   6   3   +2   6   #   6
          b   b5   4   4   5
5e R.   3e R.

3   6   6   #   +2 +4   +2 +4   7   3   6   5   3   6   #   7+   3
         4   3   b3   4
9e R.

ALTÉRATION DE LA TIERCE

N.º 193.

GAMME CHROMATIQUE DONT LA RÉALISATION EST IRRÉGULIÈRE

Nº 194

CHANT DONNÉ.
N.º 195
Andantino.
rall.
a Tempo.

rall.
a Tempo.

Accords de septième de dominante et de neuvième de dominante sur tonique

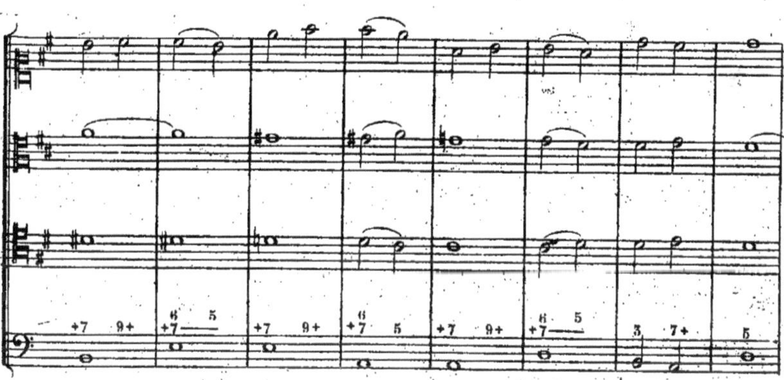

RECAPITULATION

Imit. C
Reproduction A
Imit. C
Reproduction B

Reproduction B
Reproduction A

Andante
N°. 136.
Sans
accords attractifs
Andante
CHANT DONNÉ.
N°. 198.
Avec des
accords attractifs
Reproduction du motif A

Allegro.
N° 173.
Sans
accords attractifs.
Allegro.
N° 199.
Avec des
accords attractifs.
BASSE DONNÉE.

Mouvᵗ de Mazurka.
Nº 139.
Sans
accords attractifs.
Mouvᵗ de Mazurka.
CHANT DONNÉ.
Nº 200.
Avec des
accords attractifs.

N° 140.
Sans accords attractifs.
N° 201.
Avec des accords attractifs.
BASSE DONNÉE.

1370.

Andante.
N° 141.
Sans
accords attractifs.
Andante.
CHANT DONNÉ.
N° 202.
Avec des
accords attractifs.

Canon.
Canon.

5 6 4 5
6 8 4
+6
5
5 6 5 4 3 b3 4 5
5 b 6 7+ +7 5

N° 142.
Sans
accords attractifs.
N° 203.
Avec des
accords attractifs.
BASSE DONNÉE.

N.º 143.
Sans
accords attractifs.

N° 144.
Sans
accords attractifs.
N° 205.
Avec des
accords attractifs.
BASSE DONNÉE.

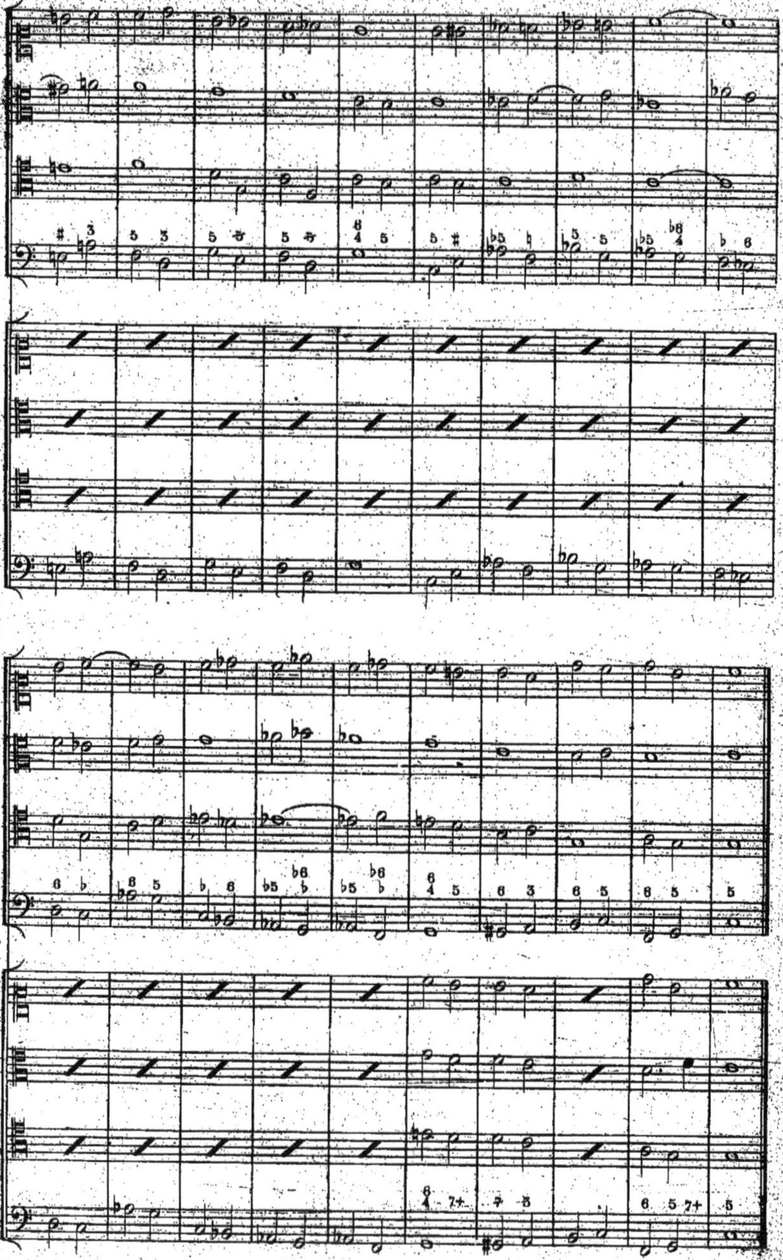

Maestoso.
Nº 145.
Sans
accords attractifs.
CHANT DONNÉ.
Maestoso.
Nº 206.
Avec des
accords attractifs.

Imitation A
Imit. P
No 149.
Sans
accords attractifs.
Imit. C
Imit. C
Imit. B
Imit. A
CHANT DIALOGUÉ.
No 207.
Avec des
accords attractifs.
Imit. C
Imit. B
Imit. A

Reproduction A
Reproduction B

Reproduction A

Canon à l' 8ve.
Canon à l' 8ve.
Imit. A.
No 150.
Sans
accords attractifs.
No 208.
Avec des
accords attractifs.
BASSE DONNÉE.
Imit. par M. C.
Thème A.

E.F.

Imit. B
Thème A
Thème A
C.1370.

Grazioso.
N.º 154.
Sans
accords attractifs.
Grazioso.
CHANT DONNÉ.
N.º 209.
Avec des
accords attractifs.

Cantabile.
N.º 152.
Sans
accords attractifs.
Cantabile.
CHANT DONNÉ.
N.º 210.
Avec des
accords attractifs.

3ᵉ Partie.

HARMONIE DISSONANTE.
ACCORDS DE SEPTIÈME PAR PROLONGATION.
MARCHES HARMONIQUES.

H
3e
Renversement.
H
HI

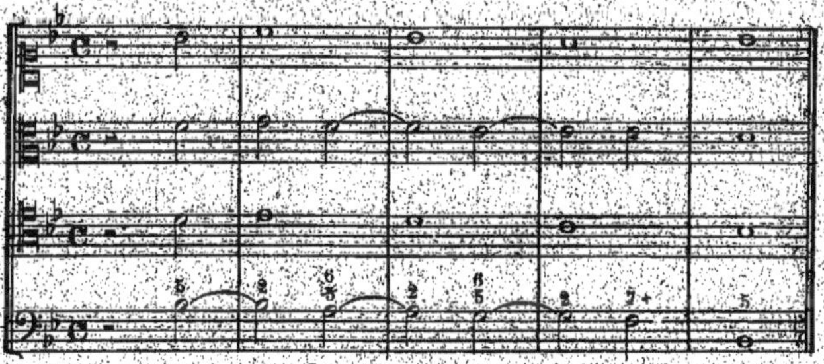

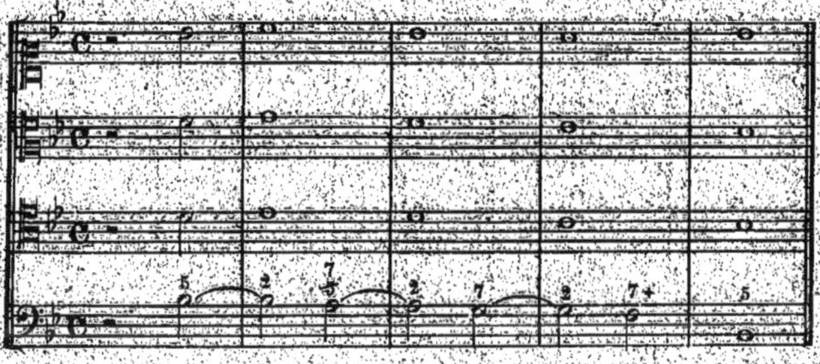

Nº 212.
État direct.
BASSE DONNÉE.

N.º 213.
Accord
de quinte et sixte.
1.er renversement.
BASSE DONNÉE.

Nº 214.
Accord
de tierce et quarte.
2.e renversement.
BASSE DONNÉE.

Nᵒ 215.
Accord de seconde.
3ᵉ renversement.
BASSE DONNÉE.

E. & C.

ÉCHANGE DE NOTES.

CHANT DONNÉ.
Nº 218.
5 +7   5 +7   5 7 7 7 7 7 7   7 7 7 7   7+6 5 3   6 6 4 #

+7 5 7 5+7 3 +6 +7 5 3 3 6 2 6 2 6. 2 #6 5 6 4 7+

5 +7 7+ 6 4 b6 5 2 7+ 5 +7 5 +7 +7 5

N.º 219.

C.l B.
C.t A.
C.t C.
ms Cre
ms Cre
ms C.
1 C.t A.
C.t C.
C.t A.
1 C.t A.

CHANT DONNÉ.
N.º 220.

Moderato.
N.° 221.
BASSE DONNÉE.
C.t A.
C.t C.
C.t A.
C.t B.
C.t A.
C.t B.
C.t C.
C.t A.
C.t B.
C.t C.

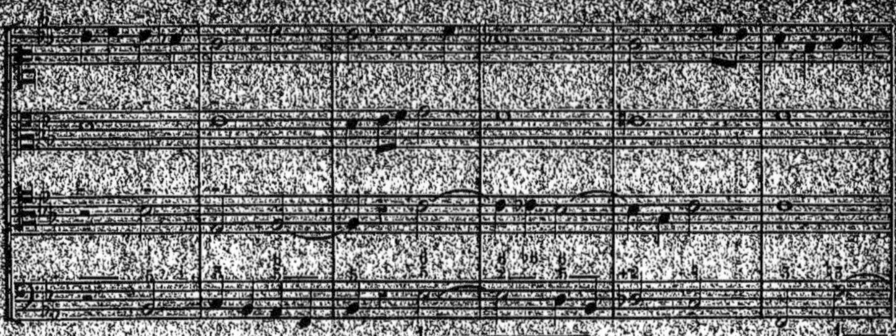
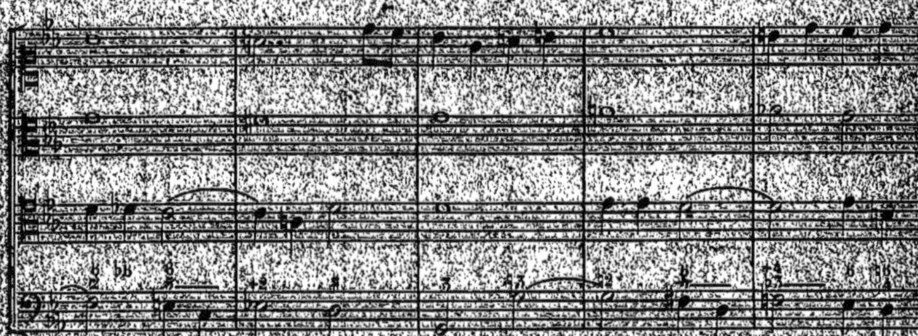

C.B.
C.C.
C.A.

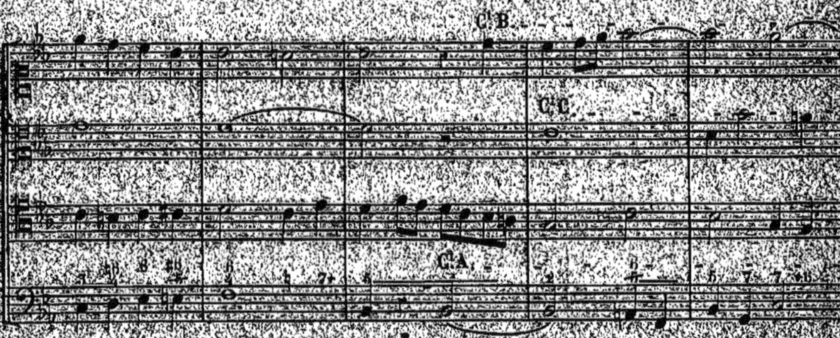

C.A.
C.B.
C.C.

Canon à la 5.e superieure.

C.A
Canon.
Coda. C.A. par augmentation.

SUSPENSIONS

SUSPENSION DE LA TIERCE

MARCHES HARMONIQUES.

N.° 222.

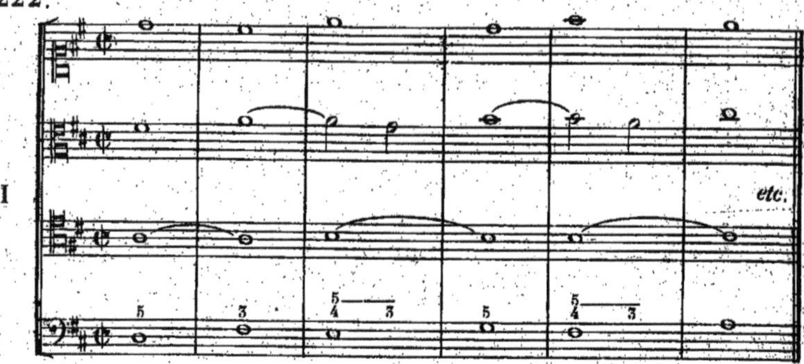

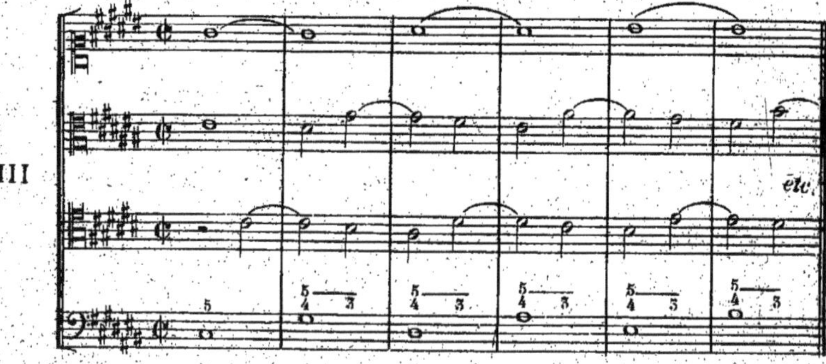

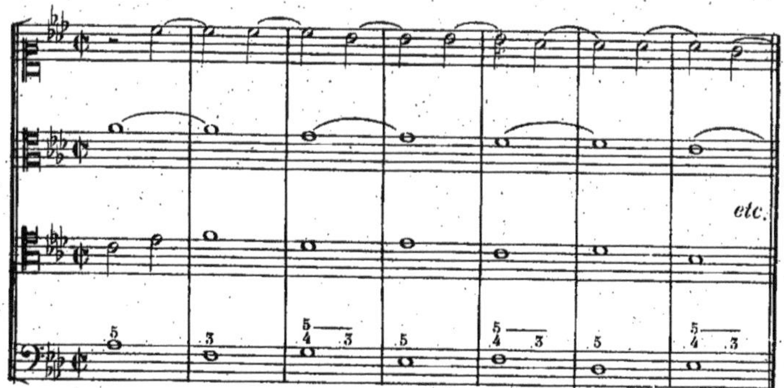
IV
etc.
5
3
5
4
3
5
5
4
3
5
5
4
3

V
etc.
5
5
4
3
5
5
4
3
3
5
4
3
5

VI
etc.
5
5
4
3
5
4
3
5
4
3
5
4
3

VII

VIII

IX

X

etc.

N.º 223.
BASSE DONNÉE.

CHANT DONNÉ.
Nᵒ 224.

SUSPENSION DE LA QUINTE.

SUSPENSION DE L'OCTAVE.

N.º 226.

BASSE DONNÉE.

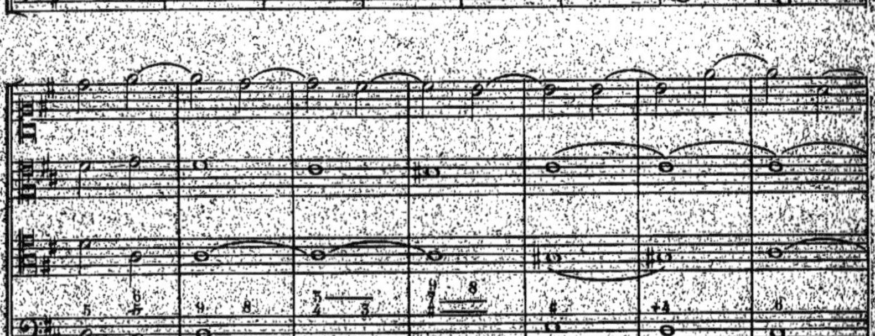

CHANT DONNÉ.
N.º 227.

SUSPENSION DE LA SIXTE.

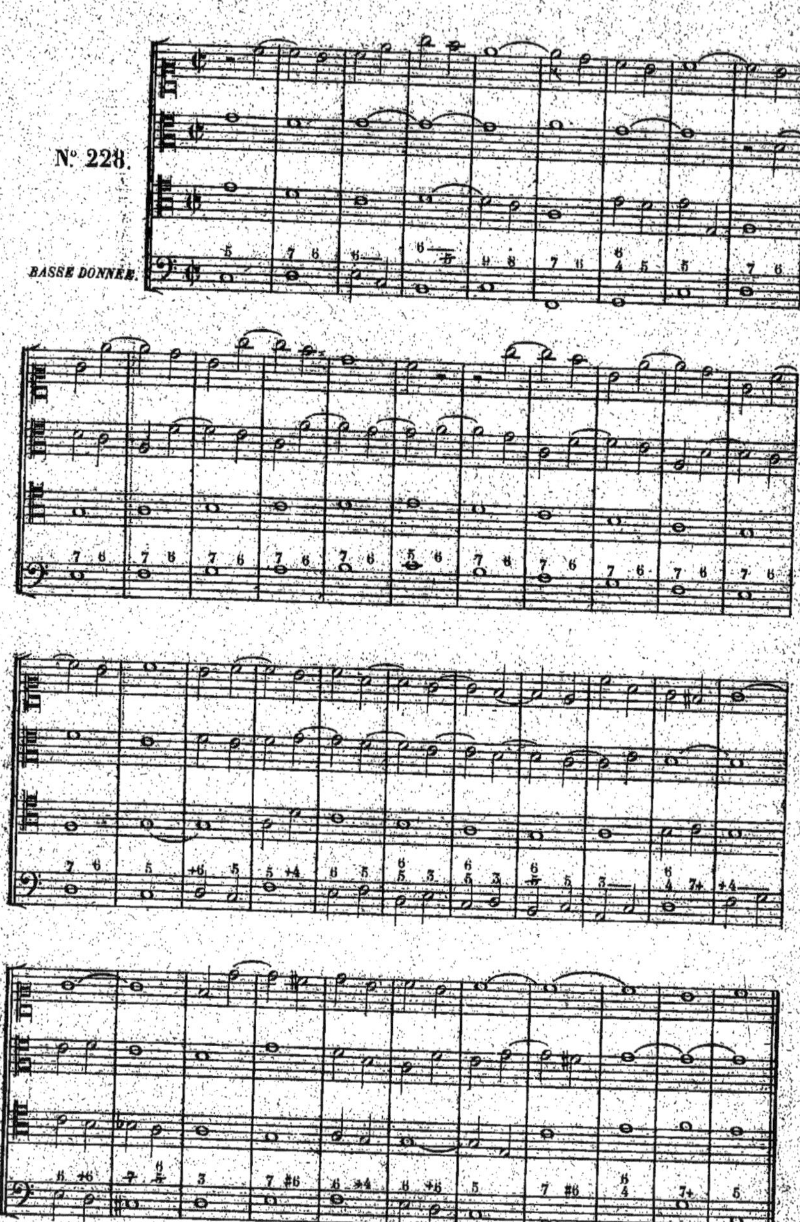

N.° 229.

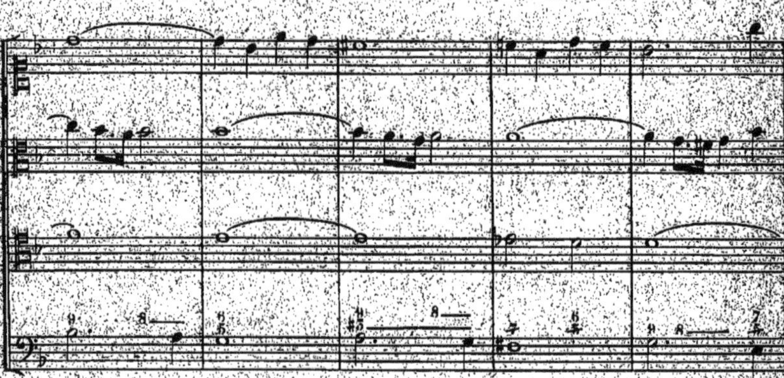
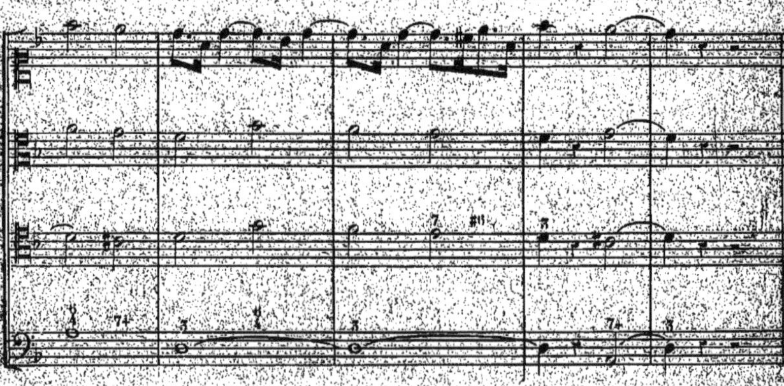

SUSPENSION DE LA QUARTE
DANS L'ACCORD DE QUARTE ET SIXTE

Nº 230.

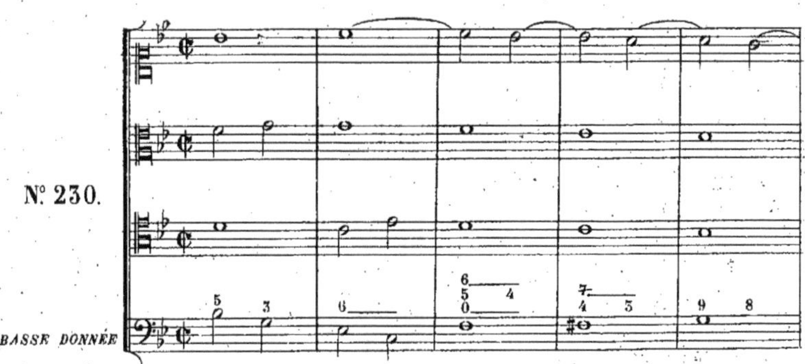

SUSPENSIONS DOUBLES.

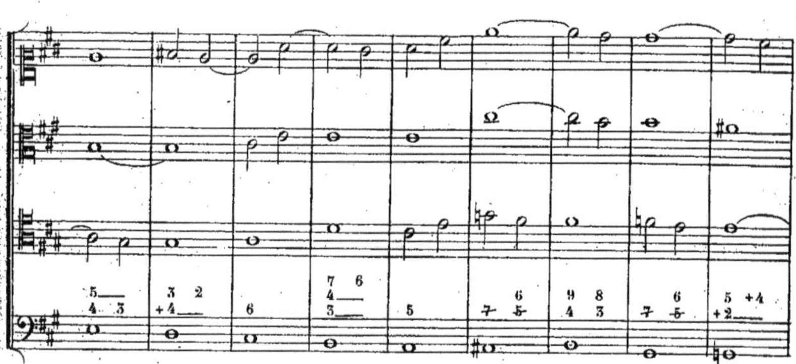

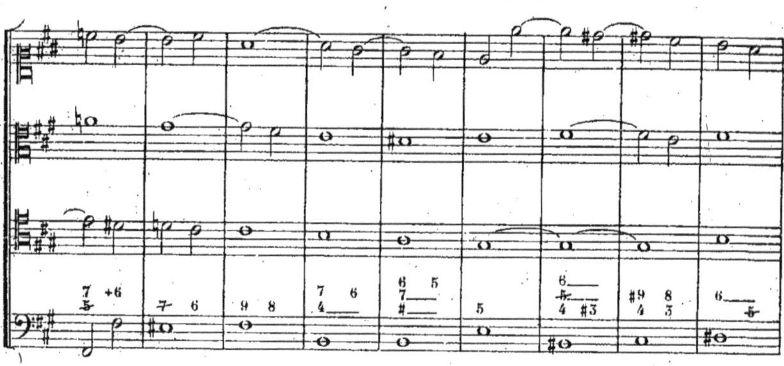

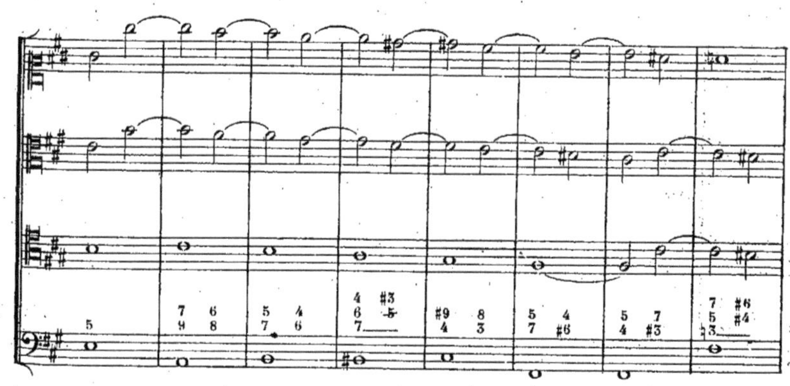

SUSPENSIONS INFÉRIEURES

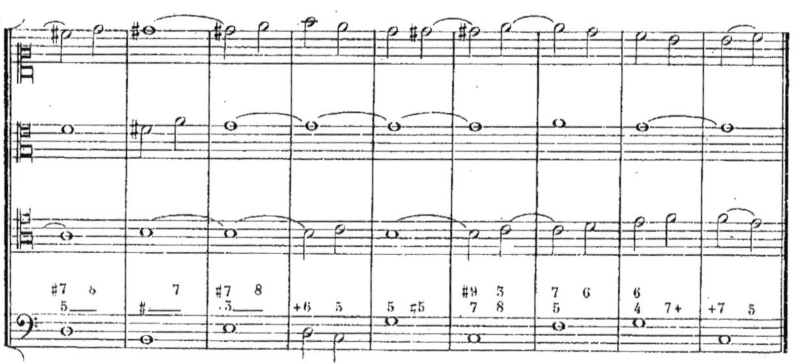

GAMME ASCENDANTE ET DESCENDANTE
Supension de la tierce

Nº 233.

I

II

III

IV
V
VI
VII

SUSPENSION DE LA SIXTE

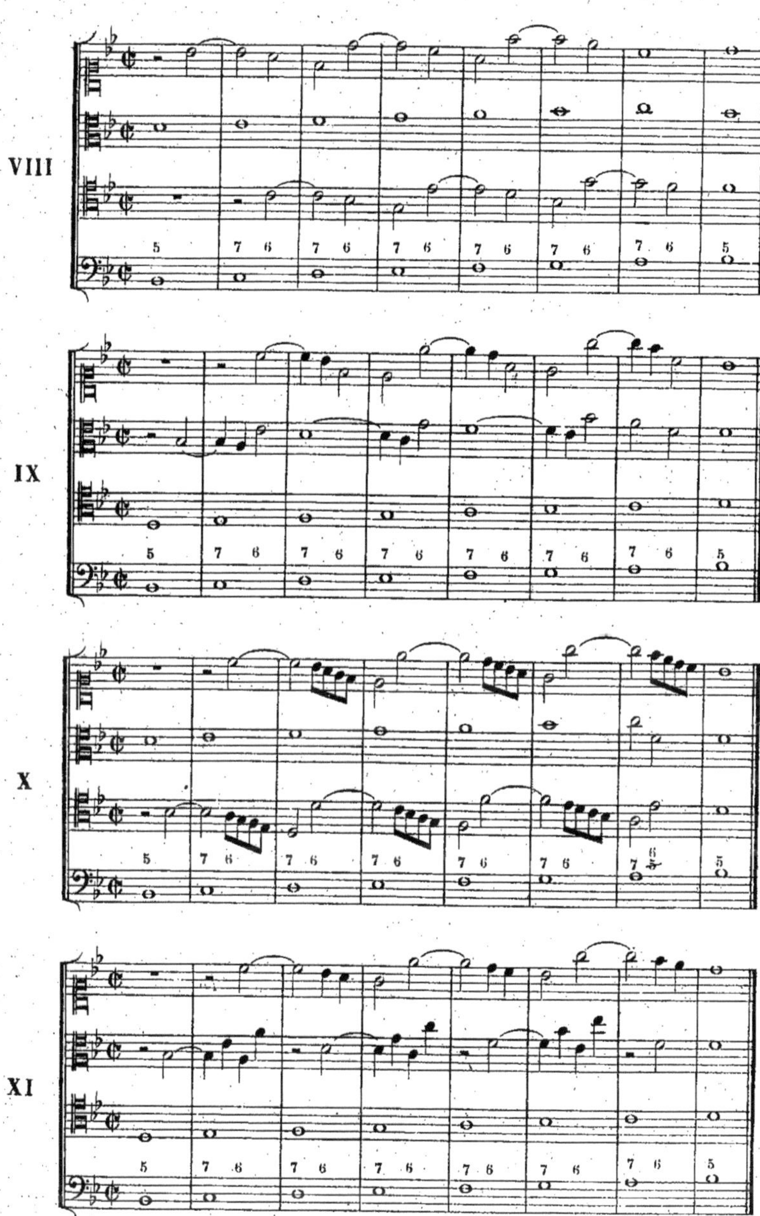

VIII

IX

X

XI

XII
XIII

XIV

Suspension de l'octave

XV

Suspensions doubles

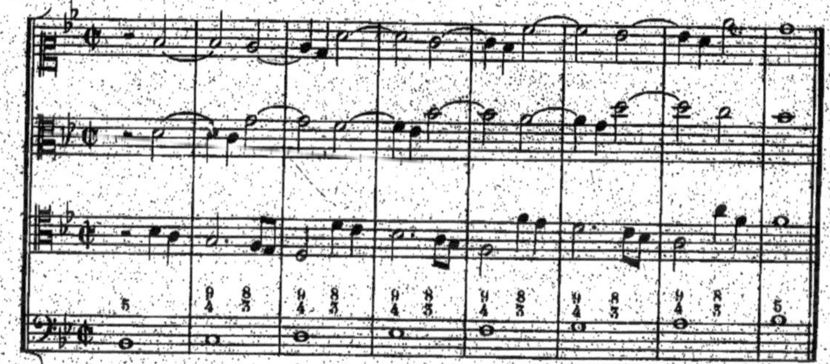

XVI

Suspensions inférieures

XVII

RÉSOLUTIONS EXCEPTIONNELLES

N° 234

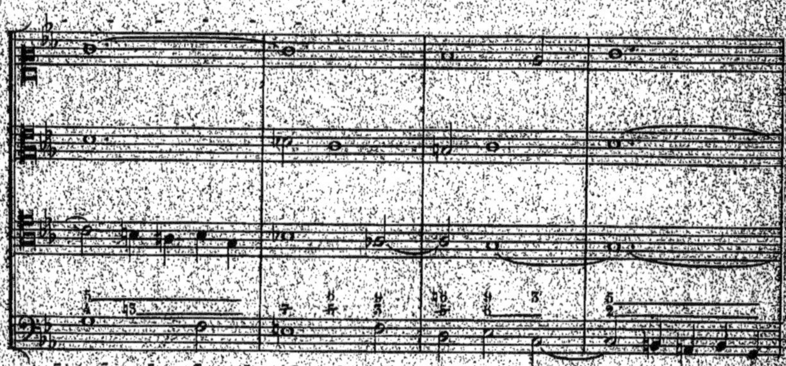

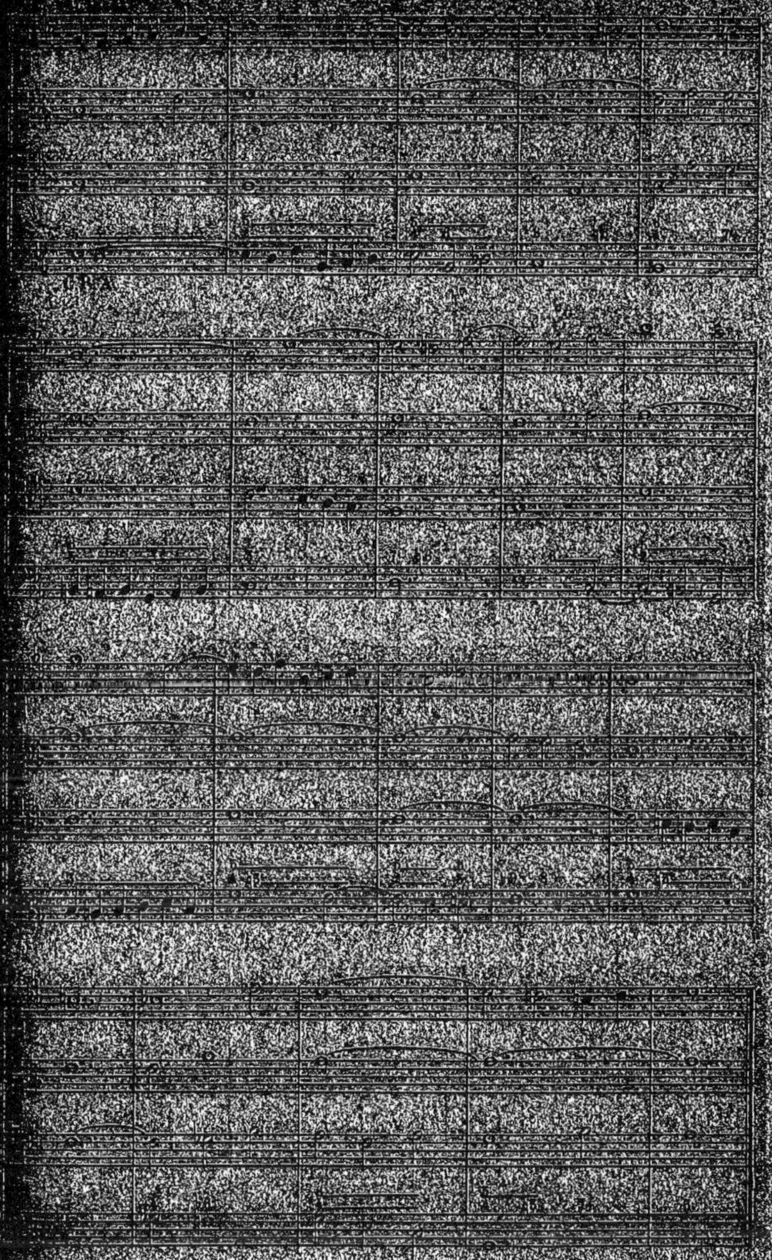

CHANT DONNÉ
N.º 235.

Imit.

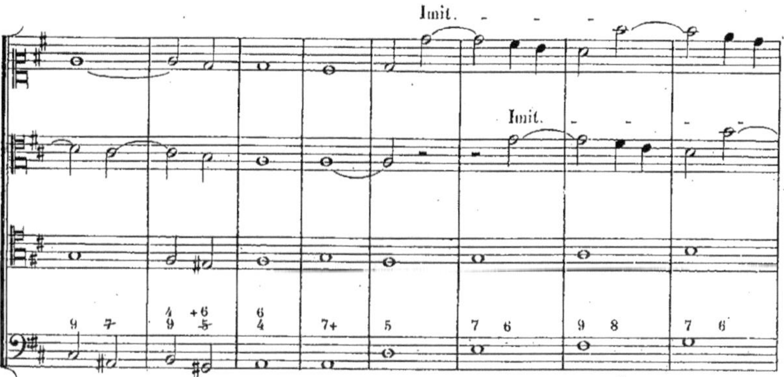
Imit.
Imit.

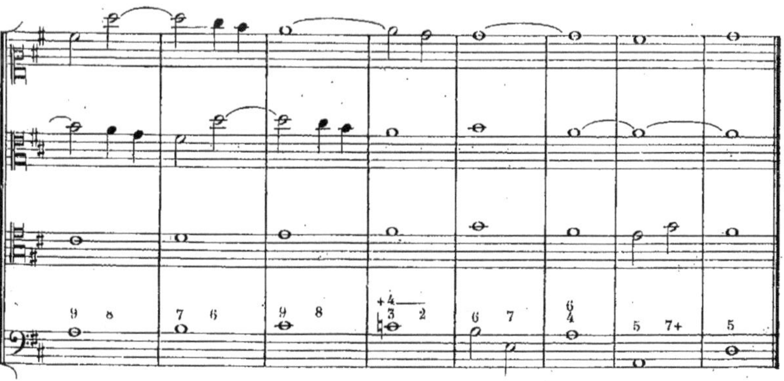

PÉDALE

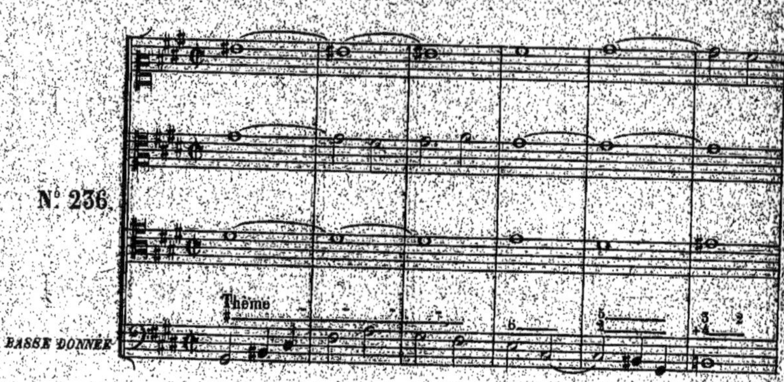

Thème
Thème

N.º 237.

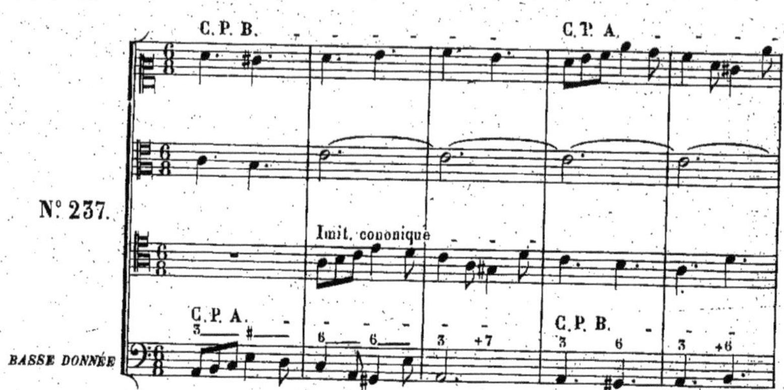

Thème

Thème

CHANT
DONNÉ
N.º 238
5 +7   5   6 6 +4   6 7 6   6 9 8

5 3   #   7+ 7+   7+   7+   5 6   5 6

6 +4   6 +7   9   6 6 #3 5   6 3 6
3 #6 6 5   5

APPOGIATURE

ANTICIPATION, ÉCHAPPÉE

Nº 240

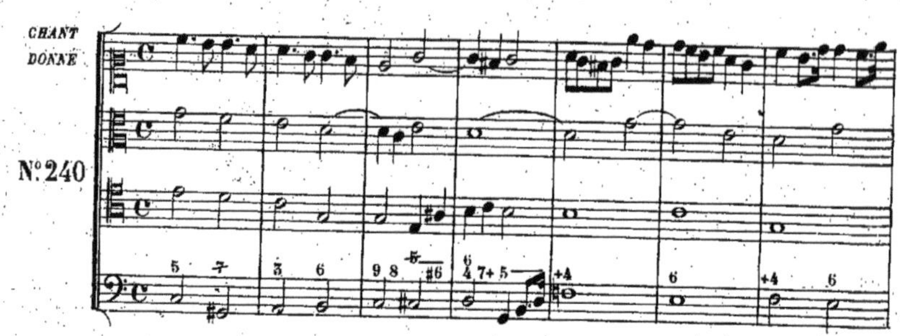

LEÇONS SUR L'ENSEMBLE DE TOUT LE COURS D'HARMONIE

CHANT DONNÉ
N.º 242

Thème
PREMIER CHŒUR
Thème
N.º 243.
DEUXIÈME CHŒUR
Thème par Imit C
Imit. A. 
Imit. A
Imit. A.
Imit. C.
Imit. B.
Imit. B.

Imit. D.
Imit. C.
Thême.
Thême.
Thême.
Imit. D.

N° 244.

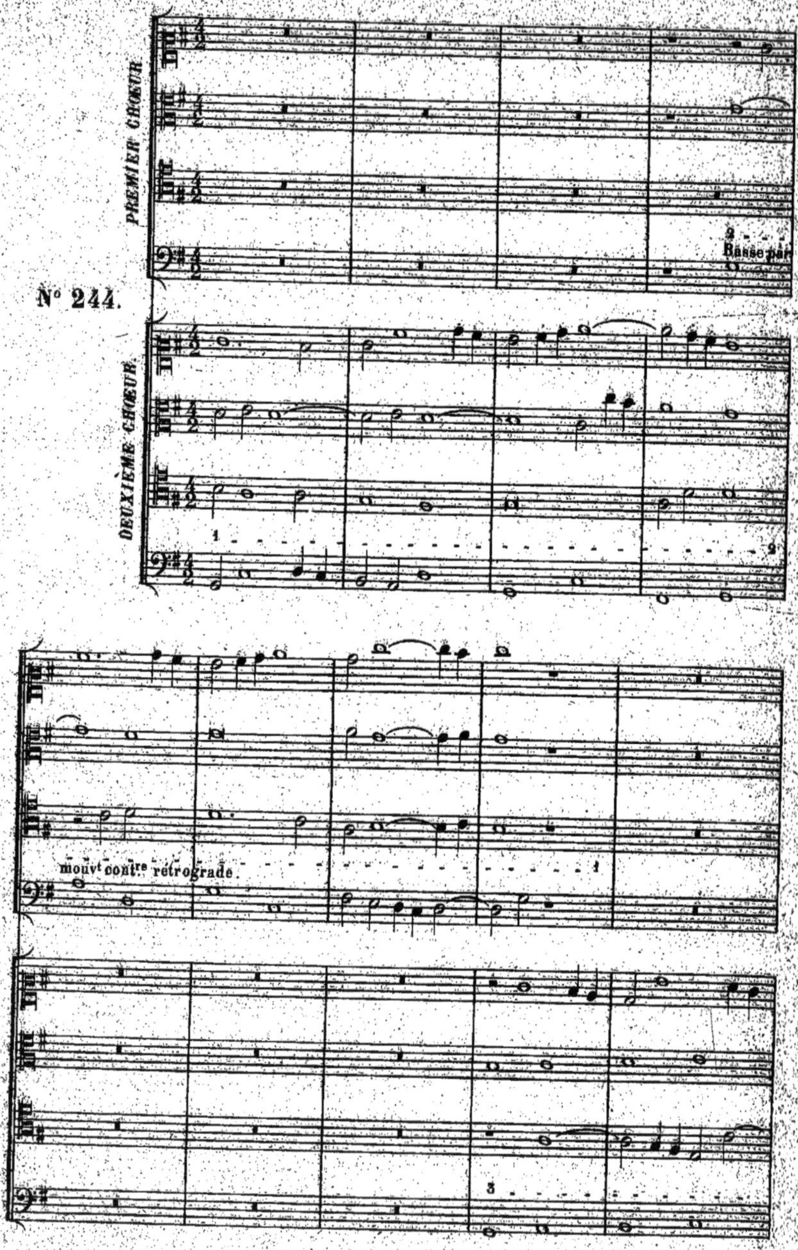

CHANT DONNÉ.
N° 245.

N° 246.

C. P. B.
N° 247.
C. P. A.
BASSE DONNÉE.
Imit. A.
Imit. A.
Reproduction.
C. P. B.
C. P. B.
C. P. A.
C. P. B.

Tiré de la basse.
Fragment B.
C. P. A.
C. P. A.
Imit. A.
C. P. A.
Frag. B.
Imit. A.
Tiré de la basse.
Imit.
Imit. A.
Imit. A.
C. P. B.

CHANT DONNÉ.
Nº 248.
3   +4   6   3   6 4   4 3   6 4   4 3

6 4   7+   3   6   #5   6   6   6   5

+4   6   6 5   3   7   5   5   2   #5   5

N° 249.
BASSE DONNÉE.

CHANT DONNÉ.
N° 250.
(Baudou Gr.) Paris, Imp. E. Dupré rue du Delta 26.

9 782019 992200